Kreizberg

Arbeitsschutzgesetz und Arbeitsschutzverordnungen

Kurt Kreizberg

Arbeitsschutzgesetz und Arbeitsschutzverordnungen

Schriften zum Betriebs- und Gefahrenschutz

Dr. Kurt Kreizberg
Rechtsanwalt, Solingen

Verlag Personal, Recht, Management Ltd.

Bibliographische Information der deutschen Nationalbibliothek
Die Deutsche Nationalbibliothek verzeichnet diese Publikation in der Deutschen Nationalbibliographie; detaillierte bibliographische Daten sind im Internet über http://dnb.d-nb.de abrufbar.

Niederlassung Deutschland: Lindlaustr. 2a, 53842 Troisdorf

Umschlagskonzeption: Verlag Personal, Recht, Management Ltd.
Satz: Verlag Personal, Recht, Management Ltd.
Druck: Books on Demand GmbH, Norderstedt
Printed in Germany, Januar 2009

ISBN 978-3-941388-02-4

Vorwort

Die Förderung und der Schutz von Sicherheit und Gesundheit arbeitender Menschen am Arbeitsplatz ist zentrales Anliegen des Arbeitsschutzrechtes in Deutschland. Durch die Eingliederung in den Betrieb bzw. die Verwaltung ist der arbeitende Mensch zum einen den Direktions- und Weisungsrechten seiner Vorgesetzten, wie auch den objektiven Gefahren ausgesetzt, die technische Arbeitsmittel und Gefahrstoffe verschiedenster Herkunft mit sich bringen. Auch Schaden stiftende Verhaltensweisen der übrigen Belegschaftsmitglieder wie auch betriebsfremder Dritter bilden Gefahrenpotentiale, die es im Arbeitsschutz zu beachten gilt.

Ebenso vielfältig wie die Gefahrenquellen sind die bisherigen Versuche, den durch Gesetze und Verordnungen geregelten Arbeitsschutz in Deutschland systematisch einer bestimmten Kategorie zuzuordnen. Der Arbeitsschutz ist zivilrechtliche Materie, wo er das zweiseitige Arbeitsverhältnis zwischen Arbeitgeber und Arbeitnehmer unmittelbar prägt. Er ist öffentlich – rechtlich, wo der Staat als Regelsetzer und Kontrolleur den Akteuren Verhaltensweisen vorgibt und sie bei Fehlverhalten sanktioniert. Er ist zugleich auch beides in einem, wenn der Arbeitnehmer z. B. wegen einer arbeitgeberseitigen Unterlassung mit erheblichem Gefahrenpotential die Arbeit einstellt und dafür eine zivilrechtliche Kündigung riskiert. Gleichzeitig ist er an dieser Stelle aber auch wieder öffentlich – rechtlich, weil der Arbeitnehmer den Arbeitgeber nicht vor der Zivilgerichtsbarkeit auf Vornahme der unterlassenen Handlung verklagen kann, sondern die Rechtsverfolgung den zuständigen Behörden überlassen muss.

Kurzum; der Arbeitsschutz in Deutschland ist ebenso vielschichtig wie intransparent. Vor diesem Hintergrund und der notwendigen Beschränkung auf das Wesentliche befasst sich die vorliegende Publikation ausschließlich mit dem **Arbeitsschutzgesetz** sowie den hieraus hervorgegangenen **Verordnungen**. Sowohl das Gesetz wie auch die Verordnungen haben durchweg europäische Wurzeln, sie haben gewissermaßen den gleichen Stammbaum.

Dies führt im weiteren dazu, dass auch die Regelungsmaterien und Begrifflichkeiten sich stetig wiederholen und – soweit es die Verordnungen betrifft – immer wieder auf die Ursprungsquelle, das Arbeitsschutzgesetz zurückgreifen.

Vor diesem Hintergrund bot es sich an, das durch Arbeitsschutzgesetz und nachfolgende Arbeitsschutzverordnungen hinlänglich definierte Untersuchungsfeld nicht nach eben diesen Kategorien zu erschließen, sondern anhand der gemeinsamen verbindenden Elemente. Nicht die Frage danach, was in dieser oder jener Verordnung alles drin steht, prägt den Aufbau, sondern die Praktikerfrage, wo er überall nachsuchen muss, um zu diesem oder jenem Begriff nichts zu übersehen.

Insofern soll die an Leitbegriffen sich ausrichtende Schrift auch ein Leitfaden im ursprünglichsten Wortsinne sein zum unmittelbaren Vorteil seiner Leser.

Inhaltsverzeichnis

1 Allgemeines

Das deutsche **Arbeitsschutzrecht** hat sich in den letzten 100 Jahren **nicht systematisch** entwickelt. Wurden Gefahren für die Beschäftigten am Arbeitsplatz erkannt, wurden für diese Beschäftigten und zur Abwendung dieser Gefahren jeweils neue Vorschriften geschaffen. Dies hat zu einer Zersplitterung und Lückenhaftigkeit des deutschen Vorschriftenwerks geführt. So gibt es Gesetze für unterschiedliche Wirtschaftsbereiche, z. B. Industrie und Handwerk, Bergbau, Schifffahrt und Handel. Andere Gesetze erfassen nur spezielle Gefahren, z. B. Chemikalien-, Atom-, Gentechnik- und Sprengstoffgesetz. Auch die zentralen Grundvorschriften der **Gewerbeordnung** zum Arbeitsschutz fanden **nicht in allen Tätigkeitsbereichen** Anwendung. Sie galten grundsätzlich nicht in der Landwirtschaft, den freien Berufen oder im öffentlichen Dienst.

Obwohl diese Unzulänglichkeiten bereits früh erkannt wurden - schon 1929 gab es einen Entwurf eines Arbeitsschutzgesetzes -, wurde erst im August 1996 mit dem Arbeitsschutzgesetz dazu beigetragen, sie zu beseitigen.

Dieses Gesetz dient der Umsetzung der europäischen Richtlinie über die Durchführung von Maßnahmen zur Verbesserung der Sicherheit und des Gesundheitsschutzes der Arbeitnehmer bei der Arbeit sowie der europäischen Richtlinie zur Ergänzung der Maßnahmen zur Verbesserung der Sicherheit und des Gesundheitsschutzes von Arbeitnehmern mit befristetem Arbeitsverhältnis oder Leiharbeitsverhältnis.

In der Folgezeit nach August 1996 hat das Bundesarbeitsministerium **weitere Verordnungen** in Kraft gesetzt bzw. schon bestehende novelliert. Derzeit aktuell sind in alphabetischer Reihenfolge:

1. die Arbeitsstättenverordnung
2. die Baustellenverordnung
3. die Betriebssicherheitsverordnung
4. die Bildschirmarbeitsverordnung
5. die Biostoffverordnung
6. die Gefahrstoffverordnung
7. die Lärm- und Vibrations-Arbeitsschutzverordnung
8. die Lastenhandhabungsverordnung
9. die Mutterschutzrichtlinienverordnung und
10. die PSA-Benutzungsverordnung

Von der Möglichkeit, von den Regelungen des ArbSchG abzuweichen, hat die öffentliche Hand auf Bundesebene in bisher zwei Fällen Gebrauch gemacht.

Durch die Verordnung über die modifizierte Anwendung von Vorschriften des ArbSchG für bestimmte Tätigkeiten im öffentlichen Dienst des Bundes im Geschäftsbereich des Bundesministerium des Innern (**Arbeitsschutzgesetzanwendungsverordnung)** sowie eine namensgleiche Verordnung für den Geschäftsbereich des Bundesverteidigungsministeriums haben die genannten Bundesministerien von dieser Option Gebrauch gemacht.

Ziel dieser Verordnungen ist es, die Sicherheit und den Gesundheitsschutz der Beschäftigten bei der Arbeit im Geschäftsbereich des jeweiligen Ministeriums durch Maßnahmen des Arbeitsschutz auch dann zu sichern, wenn die Ausübung der in diesen Verordnungen genannten Tätigkeiten nicht ohne ein Abweichen von Vorschriften des ArbSchG möglich ist.

Im weiteren Zusammenhang mit der Europäisierung des deutschen Arbeitsschutzrechts sind noch zu nennen:

- das Jugendarbeitsschutzgesetz sowie
- die Verordnung über den Kinderarbeitsschutz.

Letztgenannte leiten sich zwar auch aus dem europäischen Recht, nicht aber aus der dem Arbeitsschutzgesetz zugrunde liegenden Rahmenrichtlinie ab.

	Vom ArbSchG	
	Umfasste Regelungsbereiche	**Nicht erfasste Regelungsbereiche**
Aktivität	bei der Arbeit	vor, nach und außerhalb der Arbeit
Geltungsbereich	In allen Tätigkeitsbereichen (Ausnahmen!)	- Privathaushalt-Beschäftigte - Seeschiff und Bergbaubeschäftigte, soweit besondere Regelungen vorhanden
Maßnahmen	Mittels Sicherung + Verbesserung des Arbeitsschutzes	
Personenkreis	Beschäftigte	Abreitgeber, Dritte (z.B. Kunden), Unternehmer
Schutzgüter	Gesundheit und Leben	- Gleichberechtigung - Persönlichkeitsschutz - Sachgüterschutz - Vermögensschutz
Zustand	Sicherheit und Gesundheitsschutz	allgemeines Wohlbefinden, Selbstentfaltung (WHO-Gesundheitsbegriff)

2 Das Arbeitsschutzgesetz

Das Arbeitsschutzgesetz (ArbSchG) ist in **fünf Abschnitte** gegliedert:

- Allgemeine Vorschriften (§§ 1 und 2)
- Pflichten des Arbeitgebers (§§ 3 bis 14)
- Pflichten und Rechte der Beschäftigten (§§ 15 bis 17)
- Verordnungsermächtigungen (§§ 18 bis 20)
- Schlussvorschriften (§§ 21 bis 26)

Aufbau des Arbeitsschutzgesetzes

1. Abschnitt *Allgemeine Vorschriften*		**2. Abschnitt** *Rechte und Pflichten des Arbeitgebers*				**3. Abschnitt** *Rechte und Pflichten der Beschäftigten*		**4. und 5. Abschnitt** *Verordnungsermächtigungen, Schlussvorschriften und Sanktionen*			
§1	§2	§§ 3, 4	§§ 5, 6	§§ 8-14	§§ 7 und 13	§§ 15, 16	§ 17	§ 20	§§ 21, 22, 23	§ 25	§ 26
Zielsetzung und Anwendungsbereich	Begriffsbestimmungen	Grundpflichten des Arbeitgebers	Pflicht zur Gefährdungsbeurteilung und zur Dokumentation	spezielle Arbeitgeberpflichten z.B. Erste Hilfe, Unterweisungen	Recht zur Aufgabenübertragung	Pflichten, Mitverantwortung für die eigene Sicherheit, Unterstützung des Arbeitgebers	Rechte (auch § 9 Abs. 3 und § 11)	Regelungen für den öffentlichen Dienst	Zuständigkeiten, Aufgaben und Befugnisse der zuständigen Behörden, Zusammenarbeit	Bußgeldvorschriften	Strafvorschriften

2.1 Allgemeine Vorschriften

Allgemeine Vorschriften (§§ 1 - 2)		
Zielsetzung (§ 1 Abs. 1)	***Geltungsbereich (§ 1 Abs. 2 und 4)***	***Begriffsbestimmungen (§ 2)***
- Sicherung und Verbesserung von Sicherheit und Gesundheitsschutz der Beschäftigten - bei der Arbeit - durch Maßnahmen des Arbeitsschutzes dient ferner der - Umsetzung der europäischen - Richtlinien für den - allgemeinen Arbeitsschutz sowie - dem Schutz für Leiharbeitnehmer	- Grundsätzlich alle Tätigkeitsbereiche (incl. - öffentlicher Dienst und Landwirtschaft) - Ausnahmen - private Haushalte - Seeschiffe (z. T.) - Bergbaubetriebe (z. T.) - Sonderregelung für Religionsgemeinschaften	- Arbeitsschutzmaßnahmen (Abs. 1) - Unfallverhütung - Gesundheitsgefahren - Menschengerechte Arbeitsgestaltung - Beschäftigte (Abs. 2.) - Arbeitnehmer - Beamte, Richter, Soldaten, - Auszubildende, Arbeitnehmerähnliche, Behinderte in Werkstätten - Arbeitgeber (Abs. 3) - Natürliche Personen - Juristische Personen - Rechtsfähige Personenhandelsgesellschaften - Sonstige Rechtsvorschriften - (Abs. 4) - Betriebe des öffentlichen Dienstes (Abs. 5)

Der erste Abschnitt enthält die Zielsetzung und den Anwendungsbereich (§ 1) sowie Definitionen der maßgeblichen Begriffe (§ 2).

Ziel des Gesetzes ist, den Schutz der Beschäftigten bei der Arbeit durch Maßnahmen des Arbeitsschutzes **in allen Tätigkeitsbereichen** zu sichern und zu verbessern. Der umfassende Geltungsbereich ist etwas wesentlich Neues. Damit gelten die Vorschriften des Gesetzes grundsätzlich einheitlich überall dort, wo Personen beschäftigt werden. Arbeitsschutzvorschriften in Spezialgesetzen bleiben unberührt.

Mit der Definition der Maßnahmen des Arbeitsschutzes (§ 2 Abs. 1) wird erstmals ein **moderner Arbeitsschutzbegriff** im deutschen Arbeitsschutzrecht festgeschrieben. Er umfasst nicht nur die **Verhütung von Unfällen** und **arbeitsbedingten Gesundheitsgefahren,** sondern auch Maßnahmen **zur menschengerechten Gestaltung der Arbeit.**

2.2 Pflichten des Arbeitgebers

Der zweite Abschnitt legt in den §§ 3 bis 14 die **umfassende Verantwortung des Arbeitgebers** für die Sicherheit und den Gesundheitsschutz der Beschäftigten bei der Arbeit fest.

Die Verantwortlichkeit ist öffentlich-rechtlicher Natur, d. h., sie besteht gegenüber dem Staat. Die Belange kleiner und mittlerer Betriebe sind an vielen Stellen berücksichtigt.

Der zweite Abschnitt des ArbSchG kann in folgende Elemente **gegliedert** werden:

- Allgemeine Grundpflichten und zu beachtende Grundsätze für den Arbeitgeber (§§ 3 und 4);
- die zentrale Beurteilungs- und **Dokumentationspflicht** des Arbeitgebers (§§ 5 und 6);
- Anweisungs-, Unterrichtungs- und Unterweisungspflichten (§§ 9, 12 und 14);
- Sicherstellung der korrekten Verantwortung (§§ 7, 8 und 13) und
- arbeitsmedizinische, Erste Hilfe und Notfallmaßnahmen (§§ 10 und 11)

Der Arbeitgeber ist verpflichtet, die erforderlichen Arbeitsschutzmaßnahmen zu treffen, sie auf ihre Wirksamkeit zu überprüfen und, falls erforderlich, neuen Gegebenheiten anzupassen. Zur Erfüllung dieser Pflicht hat er für eine geeignete Organisation des Arbeitsschutzes zu sorgen und die notwendigen Mittel bereitzustellen.

Außerdem hat er Vorkehrungen zu treffen, dass Arbeitsschutzaspekte auf allen Führungsebenen beachtet werden.

Kosten der Arbeitsschutzmaßnahmen dürfen nicht den Beschäftigten auferlegt werden.

Bei den Arbeitsschutzmaßnahmen hat sich der Arbeitgeber an **allgemeinen,** in der Praxis **bewährten und anerkannten Grundsätzen der Gefahrenverhütung** auszurichten, z. B. Gebot der Gefährdungsminimierung, Gefahrenbekämpfung an der Quelle, Berücksichtigung des Standes der Technik, Planung der Maßnahmen unter Berücksichtigung der gesamten Arbeitsumgebung, Vorrang kollektiver Schutzmaßnahmen vor individuellen, z. B. Bereitstellung leiser Maschinen statt Ohrstöpseln (§ 4). Effektive Arbeitsschutzmaßnahmen können nur getroffen werden, wenn sich der Arbeitgeber vorher Gedanken macht, welche Gefährdungen in seinem Betrieb bestehen. Der Arbeitgeber wird daher zu einer **Beurteilung der Arbeitsbedingungen** verpflichtet.

Um die Arbeitsschutzsituation im Betrieb transparent zu machen, hat der Arbeitgeber, der **mehr als zehn Personen beschäftigt,** entsprechende Unterlagen bereitzuhalten (§ 6). Die **Pflichten** zur Gefährdungsbeurteilung und Dokumentation sind **flexibel** gefasst, um die Anwendung zu erleichtern: Im Gesetzestext wird klargestellt, dass die Anforderungen an die Gefährdungsbeurteilung und die Dokumentation von der **Art der Tätigkeit** und der **Betriebsgröße** abhängen. So liegt es auf der Hand, dass die Gefährdungsbeurteilung in Großunternehmen, in denen mit Gefahrstoffen umgegangen wird, komplexer und umfangreicher sein muss als beispielsweise in einem Rechtsanwaltsbüro. Dementsprechend sind die Auswirkungen auf die zu erstellenden Unterlagen. **Bei gleichartiger** Gefährdungssituation muss **nur eine Tätigkeit** bzw. ein Arbeitsplatz beurteilt werden, mehrere Arbeitsplätze können in der Dokumentation zusammengefasst werden.

Das Tätigwerden von Beschäftigten mehrerer Arbeitgeber an einem Arbeitsplatz birgt besondere Gefahren. Daher verpflichtet das Gesetz die Arbeitgeber zur **Zusammenarbeit** im

Bereich des Arbeitsschutzes (§ 8). Die Normierung dieser Verpflichtung ist naheliegend. Führen z. B. Reparatur- oder Handwerksbetriebe in einem anderen Betrieb Arbeiten durch, ist für den Arbeitgeber meistens nicht erkennbar und vorhersehbar, welchen Gefährdungen seine Beschäftigten vor Ort ausgesetzt sind. Auch wird oft kaum zu beurteilen sein, welche Gefahren die Arbeiten im Zusammenwirken mit den örtlichen Gegebenheiten auch für die Beschäftigten des beauftragenden Betriebes mit sich bringen können. Hier ist es nur vernünftig, wenn sich die Arbeitgeber beider Betriebe gegenseitig über mögliche Gefahren unterrichten und sich bei den Schutzmaßnahmen abstimmen.

Der Arbeitgeber hat Schutzvorkehrungen für besonders gefährliche Arbeitsbereiche und Arbeitssituationen (§ 9) und Vorsorgemaßnahmen zur Ersten Hilfe, Brandbekämpfung und Evakuierung (§ 10) zu treffen sowie die Beschäftigten in den konkreten Schutzvorkehrungen zu unterweisen (§ 12).

Der Arbeitgeber kann **zuverlässige und fachkundige Personen** damit beauftragen, ihm obliegende Pflichten neben ihm in eigener Verantwortung wahrzunehmen. Die Beauftragung bedarf der **Schriftform** (§ 7). Diese Personen sind dann im Umfang ihrer Beauftragung neben dem Arbeitgeber öffentlich-rechtlich verantwortlich.

Die zuständige Behörde kann damit bei entsprechenden Pflichtverstößen auch diesen Personen gegenüber Anordnungen treffen.

Rechte und Pflichten des Arbeitgebers (§§ 3 - 14)			
Grundpflichten (§ 3)	**Allgemeine Grundsätze (§ 4)**	**Pflichten und Rechte (§§ 5 - 14)**	
		Besondere Pflichten	**Delegation**
- Generalklausel: Arbeitgeber hat erforderliche Maßnahmen zu treffen - Wirksamkeitskontrolle - Verbesserungsmaxime - Vorkehrungs- und Bereitstellungspflicht - Kostenneutralität für die Beschäftigten	- Gefährdungsvermeidung - Gefahren an der Quelle bekämpfen - Stand der Technik - Planungsmaxime - Vorzug kollektiver Maßnahmen - Schutzbedürftige Beschäftigungsgruppen - Anweisungspflicht - Diskriminierungsverbot	- Gefährdungsbeurteilung und deren Dokumentation (§§ 5 - 6) - sorgfältige Aufgabenübertragung (§7) - Zusammenarbeit mehrerer Arbeitgeber (§ 8) - Vorkehrungen bei besonderen Gefahren (§ 9) - Erste Hilfe und arbeitsmedizinische Vorsorge (§§ 10 - 11) - Unterweisung der Beschäftigten (§ 12) Unterrichtung und Anhörung der Beschäftigten des öffentlichen Dienstes (§ 14)	- sorgfältige Aufgabenübertragung (§ 7) - Einschaltung verantwortlicher Personen (§ 13)

2.3 Pflichten und Rechte der Beschäftigten

Der dritte Abschnitt (§§ 15 bis 17) bindet die Beschäftigten in die Verantwortung für ihre eigene Sicherheit und ihren Gesundheitsschutz ein. Für andere Beschäftigte, die sie durch ihre Arbeit gefährden können, sind sie in gleicher Weise verantwortlich. Strukturell kann der dritte Abschnitt in **Pflichten** der Beschäftigten einerseits und Rechte der Beschäftigten andererseits zweigeteilt werden: Im Vordergrund steht zunächst die Obliegenheit der Beschäftigten, für ihre eigene Sicherheit und Gesundheit Sorge zu tragen (§ 15 Abs. 1 Satz 1). Daneben steht deren Verpflichtung, auch die Sicherheit und Gesundheit von Kollegen oder dritten Personen nicht zu missachten (§ 15 Abs. 1 Satz 2).

Eine Verknüpfung von betrieblichem (Art. 138 EGV) und vorgreifendem (Produktsicherheits-)Gefahrenschutz (Art. 95 EGV) enthält § 15 Abs. 2: Beschäftigte sind verpflichtet, technische Arbeitsmittel und Schutzvorrichtungen wie Handschuhe, Helme, Maschinen, Werkzeuge und Arbeitsstoffe bestimmungsgemäß zu verwenden. Aktive Unterstützungspflichten des Beschäftigten zugunsten seines für den Arbeitsschutz verantwortlichen Arbeitgebers enthält § 16. Neben einer Gefahrmeldepflicht (§ 16 Abs. 1) konstituiert das Gesetz eine aktive Gefahrenschutz-Mitwirkungsverpflichtung (§ 16 Abs. 2).

Die **Beschäftigten haben** den Arbeitgeber sowie den Betriebsarzt und die Fachkraft für Arbeitssicherheit im Rahmen ihrer Möglichkeiten **zu unterstützen.** Das Gesetz legt ihnen z. B. nicht nur die klassischen Pflichten wie die ordnungsgemäße Bedienung von Arbeitsmitteln und die Benutzung persönlicher Schutzausrüstungen sowie die Befolgung von Weisungen ihrer Vorgesetzten auf, sie sind vielmehr auch verpflichtet, dem Arbeitgeber von ihnen erkannte Gefahren unverzüglich zu melden und an der Umsetzung von Schutzmaßnahmen mitzuwirken.

Die Beschäftigten sind **berechtigt,** dem Arbeitgeber **Schutzmaßnahmen vorzuschlagen** und sich bei unmittelbaren erheblichen Gefahren zu entfernen. Letzteres ist wegen des Sachzusammenhangs bei den Vorkehrungen geregelt, die der Arbeitgeber bei besonders gefährlichen Arbeitssituationen zu treffen hat. Den Beschäftigten dürfen hieraus keine Nachteile entstehen, § 17 Abs. 2 Satz 2 ArbSchG. Das **Nachteilsverbot** gilt auch, wenn sie sich über unzureichende Arbeitsschutzmaßnahmen beschweren. Beschwerden sind zunächst an den Arbeitgeber heranzutragen. Hilft er ihnen nicht ab, können sich die Beschäftigten auch an die zuständige Behörde wenden.

Pflichten und Rechte der Beschäftigten (§§ 15 - 17)		
Pflichten	***Rechte***	
	aus dem Arbeitsschutzrecht	nach sonstigem Recht
- Eigensorge-Prinzip und - Fremdsorge-Prinzip (§ 15 Abs. 2) - Gefahr- und Defektmeldepflicht (§ 16 Abs. 1) - Gemeinsame Arbeitgeberunterstützung - Mitteilungspflichten (§ 16 Abs. 2)	- Vorschlagsrecht (§ 17 Abs.1) - Kommunikations- und Anzeigerecht (§ 17 Abs. 2) - Entfernungsrecht bei Gefahr (§ 9 Abs. 2, 3) - Recht auf kostenfreie arbeitsmedizinische Vorsorgeuntersuchung (§ 11)	- Zurückbehaltungsrecht an der Arbeitskraft (§ 273 BGB) - Kündigungsrecht (§ 626 BGB) - Unterlassungsanspruch (§ 1004 BGB) - Anspruch auf Herstellung eines ArbSchG-konformen Arbeitsplatzes (§§ 618, 619 BGB) - Rechte nach § 9 Abs. 2 und §§ 3, 11, 17 i. V. m. Arbeitsvertrag

2.4 Verordnungsermächtigungen

Der vierte Abschnitt (§§ 18-20) enthält Verordnungsermächtigungen (u. a. auch zur Umsetzung von EG-Einzelrichtlinien zur Arbeitsschutz-Rahmenrichtlinie). § 18 Abs. 1 enthält eine allgemeine Ermächtigung für die Bundesregierung, durch Rechtsverordnung die **Pflichten** der Arbeitgeber und der Beschäftigten im Arbeitsschutz nach dem Zweiten und Dritten Abschnitt des ArbSchG **näher zu bestimmen.**

§ 18 Abs. 2 beschreibt durch Anführung einzelner Regelungstatbestände beispielhaft Art und Ausmaß einer näheren Konkretisierung der allgemeinen Pflichten für bestimmte Gefährdungssituationen. Zum Erlass entsprechender Regelungen ist die Bundesregierung allerdings **nicht verpflichtet**. Sonderregelungen für den öffentlichen Dienst trifft § 20.

Die Verordnungsermächtigung nach § 19 dient in erster Linie der **Umsetzung von EG-Richtlinien.** Zuständig ist dabei die Bundesregierung. Zur Umsetzung der EG-Einzelrichtlinien dient in Deutschland primär das Instrumentarium der Rechtsverordnung vorrangig zu erlassen durch das Bundesministerium für Arbeit und Soziales. Zulässig ist nach h. M. jedoch auch eine Umsetzung durch eine andere Rechtsform wie z. B. mittels einer Unfallverhütungsvorschrift.

2.5 Schlussvorschriften

Der letzte Abschnitt befasst sich mit **Durchführungsbestimmungen** sowie **Bußgeld- und Strafvorschriften.** Die Schlussvorschriften können im Wesentlichen in vier Komponenten aufgeteilt werden:

- Regelung des **dualen Arbeitsschutzsystems,** vornehmlich des Zusammenwirkens der staatlichen Arbeitsschutzbehörden mit den Trägern der gesetzlichen Unfallversicherung (§ 21),

- arbeitsschutzbehördliche Überwachungs- und Überprüfungsbefugnisse einschließlich der Geheimhaltungsregelungen (§§ 22, 23),
- Ermächtigungen zum Erlass allgemeiner Verwaltungsvorschriften (§ 24),
- Bußgeld- und Strafvorschriften (§§ 25, 26).

Die Durchführung des Gesetzes obliegt grundsätzlich den Länderbehörden. Geregelt wird erstmals gesetzlich auch die Zusammenarbeit mit anderen Behörden, insbesondere den Trägern der Unfallversicherung, zu deren Aufgabe es auch gehört, die Sicherheit und den Gesundheitsschutz bei der Arbeit sicherzustellen. Von besonderer Bedeutung ist die Klarstellung in § 21 Abs. 1 und 2, wonach die Überwachung des Arbeitsschutzes nach dem ArbSchG **staatliche Aufgabe** ist. Aufgaben und Befugnisse der Unfallversicherungsträger richten sich hingegen, soweit nichts besonderes bestimmt ist, nach den Vorschriften des SGB VII. Beachtlich ist insbesondere die Möglichkeit, durch Vertrag die Überwachungsaufgabe von den Länderbehörden **auf** die **Unfallversicherungsträger übertragen** zu können (§ 21 Abs. 4). Mit dem Gesetz ist klargestellt worden, dass das in Deutschland seit Jahrzehnten bewährte duale System im Arbeitsschutz bestehen bleibt in Gestalt von autonomem Unfallverhütungsrecht der Unfallversicherungsträger auf der einen Seite und staatlichem Arbeitsschutzrecht auf der anderen Seite. Letzteres gilt allerdings nur für Aufgaben nach dem ArbSchG oder den darauf beruhenden Rechtsverordnungen, nicht z. B. für Aufgaben nach dem Gerätesicherheitsgesetz oder der Gefahrstoffverordnung. Umfangreiche **Anordnungsbefugnisse** der Arbeitsschutzbehörden ergeben sich aus § 22. Zeitgemäß angepasste Geheimhaltungsvorschriften enthält § 23 Abs. 2. Den für öffentlich-rechtliche Arbeitsschutzgesetze üblichen Bußgeld- und Strafkatalog enthalten §§ 25-26.

Schlussvorschriften (§§ 21 - 26)					
Zuständige Behörde Zusammenarbeit mit der gesetzlichen Unfallversicherung (§ 21)	**Befugnisse der zuständigen Behörden (§ 22)**	**Betriebliche Daten, Zusammenarbeit mit anderen Behörden (§ 23)**	**Ermächtigung zum Erlass von allgemeinen Verwaltungsvorschriften (§ 24)**	**Bußgeldvorschriften (§ 25)**	**Strafvorschriften (§ 26)**

- Beratungspflicht (Abs. 1)
- Überwachungspflicht (Abs. 1)
- Aufgabenabgrenzung (Abs. 2)
  - Unfallversicherungsträger
    - autonomes Recht (SGB VII)
  - Behörden
    - ArbSchG
    - aber:
      - Zusammenwirkungpflicht (Abs. 3)
      - sog. Experimentierklausel (Abs. 4)
- Zuständigkeiten
  - grundsätzlich Ländersache (Art. 30, 77 GG)
  - Sonderregelung für Bundesbehörden (Abs. 5)
	- Auskunftsverlangen (Abs. 1)
	- Betretungsrecht (Abs. 2)
	- Untersuchungs- und Prüfrecht (Abs. 2)
	- Unterstützungsverlangen (Begleitung) (Abs. 2)
	- Anordnungen (Abs. 3)
	  - Gefahrenanordnung (Satz 1 Nr. 2)
	  - Generalklausel (Satz 1 Nr. 1)
	  - Untersagung (S. 3)
	- Vollstreckung (vgl. Landesrecht und BundesVwVG)				

3 Arbeitsschutz-Verordnungen

Mit dem Erlass der verschiedenen Arbeitsschutz-Verordnungen ist die Bundesregierung ihrer Verpflichtung nachgekommen, EG-Einzelrichtlinien zu speziellen Sachgebieten des betrieblichen Arbeitsschutzes in nationales Recht umzusetzen und Sonderregelungen für spezielle Bereiche des öffentlichen Dienstes zu schaffen. Die Anforderungen der jeweiligen Verordnungen unterstreichen im Detail den Arbeitsschutz, der in der Bundesrepublik bereits auf einem sehr hohen Niveau praktiziert wird. Für die große Zahl der Betriebe bedeuten die im EG-Recht erhaltenen gesetzlichen Vorgaben nichts wesentlich Neues. Viele praktizieren sie seit langem. **Probleme** könnten sich dagegen **bei den kleinen und mittleren Betrieben ergeben**, die nicht über entsprechend fachkundiges Personal oder gar eigene Abteilungen verfügen.

3.1 Arbeitsstättenverordnung

Bei der Umsetzung der EG-Richtlinie zur Gestaltung von Arbeitsstätten in nationales Recht wurden zunächst keine neuen Anforderungen gestellt. Die schon seit 1975 geltende Arbeitsstättenverordnung diente der EG-Richtlinie zur Gestaltung von Arbeitsstätten sogar als Vorbild. Ihr Anwendungsbereich wurde in der ursprünglichen Fassung jedoch auf nicht gewerbliche Tätigkeitsbereiche ausgedehnt. Mit der Novellierung vom August 2004 hat der Gesetzgeber eine grundlegende Flexibilisierung und Entbürokratisierung des Arbeitsstättenrechts unter Anpassung an das Regelungskonzept des ArbSchG von 1996 und der seitdem erlassenen Arbeitsschutzverordnungen vorgenommen. Entsprechend diesem Zweck verzichtet die Novelle im Unterschied zum bis dahin geltenden Recht weitgehend auf die verbindliche Festlegung konkreter Detailregelungen zugunsten allgemein formulierten und flexibel umzusetzender Schutzziele.

Durch einheitliche und flexible Grundvorschriften soll den Betrieben, innerhalb der zwingenden europäischen Vorgaben für das Einrichten und Betreiben von Arbeitsstätten, Spielraum für an ihre Situation angepasste Arbeitsschutzmaßnahmen gegeben werden.

Die europäische Richtlinie über Mindestvorschriften über die Sicherheits- und Gesundheitsschutzkennzeichnung am Arbeitsplatz wurde durch einen gleitenden Verweis innerhalb der Arbeitsstättenverordnung mit umgesetzt.

Desgleichen erfolgt die Umsetzung eines Teils der europäischen Richtlinie über die auf zeitlich begrenzte oder ortsveränderliche Baustellen anzuwendenden Mindestvorschriften für Sicherheit und Gesundheitsschutz. Die Arbeitsstättenverordnung gliedert sich in **zwei Teile** - einen **allgemeinen Vorschriftentext** und einen **ergänzenden Anhang.** Der Inhalt der Arbeitsstättenverordnung entspricht - von wenigen Ausnahmen abgesehen - weitgehend den Mindestanforderungen der europäischen Arbeitsstättenrichtlinie. Durch Art. 2 der Arbeitsstättenverordnung wurde der Nichtraucherschutz in die Bergverordnung für alle bergbaulichen Bereiche integriert.

3.2 Baustellenverordnung

Viele der in der europäischen Baustellenrichtlinie enthaltenen Mindestvorschriften waren in Deutschland bereits seit langem in anderen Rechtsvorschriften geregelt. Hierzu zählen die **Arbeitsstättenverordnung,** die Unfallverhütungsvorschriften der Berufsgenossenschaften und die **Bauordnungen der Länder.** Diese Vorschriften gelten noch immer.

Der noch umsetzungsbedürftig verbliebene Teil der Richtlinienbestimmungen wurde durch die **Baustellenverordnung - BaustellV** im Juli 1998 umgesetzt. Die BaustellV hat eine wesentliche Verbesserung von Sicherheit und Gesundheitsschutz auf den deutschen Baustellen zum Ziel, unabhängig davon ob die Akteure dort deutsche oder ausländische Investoren, Architekten, Baufirmen oder Beschäftigte sind.

Ein Handlungsbedarf zur Schaffung zusätzlicher gesetzlicher Anforderungen bestand deshalb, weil nach allen Unfallstatistiken im Bauhaupt- und -nebengewerbe - verglichen mit den meisten anderen Branchen - ein **besonders hohes Unfall- und Gesundheitsrisiko** sichtbar geworden war. Dieser Wirtschaftszweig (Neu- und Ausbauten, Bauunterhalt, Abbrüche und Sanierungen) weist in Deutschland eine mehr als doppelt so hohe Unfallrate auf wie der Durchschnitt der gewerblichen Wirtschaft. Ähnlich hoch ist die Quote nur in den Betrieben des Steine- und Erdenbereichs sowie bei der Holzverarbeitung. Darüber hinaus ist die Schwere der erlittenen Unfälle im Mittel signifikant höher als etwa in Handel und Verwaltungen. So ereignet sich auf Baustellen seit vielen Jahren fast die Hälfte aller tödlichen Arbeitsunfälle im gewerblichen Bereich.

Wichtige Regelungen sind:

- Bestellung eines **Koordinators,** wenn mehrere Arbeitgeber auf der Baustelle tätig werden.
- Erarbeitung eines **Sicherheits- und Gesundheitsschutzplans** bei größeren Baustellen und bei besonders gefährlichen Arbeiten.
- **Ankündigung** des Bauvorhabens bei der zuständigen Behörde bei größeren Baustellen.

Wie schon das Arbeitsschutzgesetz setzt auch die Baustellenverordnung die Bestimmungen des EU-Rechts **inhaltsgleich** um. Regelungsumfang und Regelungsdichte beschränken sich auf das unbedingt erforderliche **Mindestmaß.**

3.3 Betriebssicherheitsverordnung

Das nationale Betriebs- und Anlagensicherheitsrecht ist in den vergangenen Jahren durch zahlreiche EG-Richtlinien stark verändert worden. Damit wurden auch die Rechtsvorschriften der EU-Mitgliedstaaten für das Inverkehrbringen von Produkten und deren Betrieb harmonisiert. Besonders deutlich wurde die Verdrängung nationaler Vorschriften durch europäische Beschaffenheitsanforderungen zuletzt im Bereich der überwachungsbedürftigen Anlagen. Motivation für die Schaffung der Betriebssicherheitsverordnung war vor allem das Phänomen, dass sich bislang Arbeitsschutzanforderungen für die **Benutzung** von **Arbeitsmitteln** und für den **Betrieb** überwachungsbedürftiger **Anlagen** in einer fast unüberschaubaren Vielzahl berufsgenossenschaftlicher und staatlicher Vorschriften wieder fanden.

Die Betriebssicherheitsverordnung verfolgt daher im Wesentlichen drei Hauptziele:

- Umsetzung mehrerer EG-Richtlinien in nationales Recht,
- einheitliches betriebliches Anlagensicherheitsrecht, bei klarer Trennung von Beschaffenheit und Betrieb sowie Neuordnung im Bereich der überwachungsbedürftigen Anlagen und
- Neuordnung des Verhältnisses zwischen staatlichem Arbeitsmittelrecht und berufsgenossenschaftlichen Unfallverhütungsvorschriften, um bestehende Doppelregelungen beseitigen zu können.

Im Bereich des staatlichen Rechts wurden die im früheren Recht stark verstreuten Arbeitsschutzanforderungen für die Bereitstellung und Benutzung von Arbeitsmitteln und Anlagen, einschließlich des Betriebes überwachungsbedürftiger Anlagen zusammengefasst.

Ferner wurden moderne Organisationsformen des Arbeitsschutzes eingeführt. Im Einzelnen wurden

- acht Verordnungen für überwachungsbedürftige Anlagen aufgehoben und daraus weiterhin erforderliche Vorschriften, konzentriert auf vier Gefahrenmomente (Druck, Explosionsschutz, Brandschutz und Heben von Personen und Gütern), fortgeführt,
- Regelungen der EG-Explosionsschutzrichtlinie (1999/92/EG) umgesetzt sowie
- Vorschriften für ein Arbeitsschutzmanagementsystem eingeführt.

3.4 Bildschirmarbeitsverordnung

Die Verordnung über Sicherheit und Gesundheitsschutz bei der Arbeit an Bildschirmgeräten **(Bildschirmarbeitsverordnung - BildscharbV)** legt Mindestanforderungen an das Bildschirmgerät selbst, den Arbeitsplatz, die Arbeitsumgebung, die Arbeitsorganisation sowie an die Software-Ausstattung fest.

Der **Einsatz von Bildschirmgeräten** hat in den letzten Jahren rasant zugenommen. Immer mehr Deutsche arbeiten am Computer. Nach Angaben des Bundesverband Informationswirtschaft, Telekommunikation und neue Medien (BITKOM) in Berlin beträgt ihr Anteil mittlerweile 57 Prozent. Das geht aus Zahlen der Europäischen Statistikbehörde Eurostat für das Jahr 2005 hervor. Damit liegt Deutschland EU-weit über dem Durchschnitt von 49 Prozent. An zweiter Stelle liegt Großbritannien mit einem PC-Nutzungsanteil von 49 Prozent, gefolgt von Spanien mit 48 Prozent.

3.5 Biostoffverordnung

Die Verordnung dient der Umsetzung der europäischen Richtlinie über den Schutz der Arbeitnehmer gegen Gefährdungen durch biologische Arbeitsstoffe bei der Arbeit und ihrer Änderungs- und Anpassungsrichtlinien.

Die Richtlinien enthalten Mindestanforderungen für Tätigkeiten mit Mikroorganismen, Zellkulturen und Humanendoparasiten unter Berücksichtigung des Gefährdungspotentials dieser biologischen Arbeitsstoffe.

Die Verordnung enthält einen **branchenübergreifenden** rechtlichen Rahmen für Schutz- und Sicherheitsmaßnahmen **bei allen Tätigkeiten mit biologischen Arbeitsstoffen.** Wegen des umfassenden Geltungsbereiches wurden Konkretisierungen nur dort vorgenommen, wo dies aus Gründen der Rechtssicherheit notwendig oder zur Sicherung des bereits bestehenden Schutzniveaus erforderlich war.

3.6 Gefahrstoffverordnung

Die GefahrstoffV nennt seit der Novelle von 2004 ausdrücklich die §§ 18 und 19 ArbSchG als Ermächtigungsnorm, sodass die Verordnung sich seither nahtlos einreiht in die Systematik der übrigen Arbeitsschutzverordnungen.

Die Novelle brachte damals folgende Änderungen mit sich:

- es gibt keine MAK-Werte und TRK-Werte mehr,
- das Sicherheitsdatenblatt ist durch eine kompetente Peson zu erstellen,
- als „Fachkundige Personen" gelten insbesondere Fachkraft für Arbeitssicherheit und Betriebsarzt,
- der Arbeitgeber wird verpflichtet, getrennte Aufbewahrungsmöglichkeiten für die Arbeits- oder Schutzkleidung einerseits und die Straßenkleidung andererseits zur Verfügung zu stellen,
- die früheren technischen Regeln für Gefahrstoffe können weiterhin als Auslegungs- und Anwendungshilfe für die Verordnung herangezogen werden, soweit deren Inhalte nicht im Widerspruch zu dem seit 2004 geltenden Recht stehen.

3.7 Lärm- und Vibrations-Arbeitsschutzverordnung

Die Bundesregierung war verpflichtet die europäischen Richtlinien zum Schutz der Beschäftigten vor Gefährdungen durch Vibrationen und Lärm bis Februar 2006 in nationales Recht umzusetzen. Die Bundesregierung hatte ferner das ILO-Übereinkommen Nr. 148 zu Lärm ratifiziert. Hierfür wurde im März 2007 eine neue Basis geschaffen.

Die Verordnung gibt Spielräume für individuelle betriebliche Lösungen und stärkt somit die Eigenverantwortung der Arbeitgeber. Im Rahmen der weitgehend inhaltsgleichen Übernahme der Richtlinienvorgaben waren fachliche und sprachliche Anpassungen sowie Konkretisierungen erforderlich.

Als Folgeänderung der LärmVibrations-ArbSchV konnte die 3. Verordnung zum Geräte- und Produktsicherheitsgesetz (Maschinenlärminformations-Verordnung) aufgehoben werden.

3.8 Lastenhandhabungsverordnung

Die Verordnung über Sicherheit und Gesundheitsschutz bei der manuellen Handhabung von Lasten bei der Arbeit **(Lastenhandhabungsverordnung)** sieht vor, dass die Arbeitgeber grundsätzlich angehalten sind, manuelle Lastenhandhabungen, die die Gesundheit der Beschäftigten gefährden, zu vermeiden. Ist dies nicht möglich, haben die Arbeitgeber geeignete Maßnahmen zu treffen, damit die Handhabungen möglichst sicher und mit **möglichst geringer Gesundheitsgefährdung** der Beschäftigten erfolgen können. Starre Maßnahmen werden nicht vorgeschrieben; oft lassen sich durch einfachste Maßnahmen erhebliche gesundheitliche Effekte und Kosteneinsparungen für die Betriebe und das soziale Sicherheitssystem erzielen.

Vielfaches Bewegen schwerer Lasten allein durch Körperkraft kann die Gesundheit erheblich beeinträchtigen. Berufliche Tätigkeiten mit häufigem manuellem Heben, Schieben, Ziehen und Tragen können Muskeln und Bänder, Gelenke und Knochen überbeanspruchen und zu **arbeitsbedingten Erkrankungen** (vor allem an der Lendenwirbelsäule) führen.

3.9 Mutterschutzrichtlinienverordnung

Die europäische Richtlinie über die Durchführung von Maßnahmen zur Verbesserung der Sicherheit und des Gesundheitsschutzes von schwangeren Arbeitnehmerinnen, Wöchnerinnen und stillenden Arbeitnehmerinnen am Arbeitsplatz enthält **mutterschutzrechtliche Mindestvorschriften,** und sie war von den Mitgliedstaaten bis zum November 1994 umzusetzen, soweit sie diesen mutterschutzrechtlichen Mindestvorschriften bisher nicht gerecht wurden.

Die Umsetzung in deutsches Recht erfolgte im wesentlichen durch das 1997 in Kraft getretene Gesetz zur Änderung des Mutterschutzrechts sowie das Gesetz zum Schutze der erwerbstätigen Mutter (Mutterschutzgesetz - MuSchG).

Durch die Mutterschutzrichtlinien-Verordnung waren damals noch die Artikel 4 bis 6 der Mutterschutz-Richtlinie umzusetzen, die die Verpflichtungen des Arbeitgebers zur **Beurteilung von Gefährdungen** für die werdende oder stillende Mutter, zur Durchführung der erforderlichen Schutzmaßnahmen, zur **Unterrichtung der betroffenen Frauen** hierüber und zur Beachtung bestimmter Beschäftigungsverbote regeln.

In einem **zweiten Schritt** wurde die EG-Mutterschutzrichtlinie durch die Mutterschutzrichtlinienverordnung - MuSchRiV umgesetzt. Die MuSchRiV schreibt für den Arbeitgeber ein gestuftes Verfahren bei der Überprüfung sowie bei der Gestaltung des Arbeitsplatzes und der Beschäftigung (Arbeitsbedingungen, Arbeitszeit usw.) zum Schutz werdender und stillender Mütter vor.

3.10 PSA-Benutzungsverordnung

Mit der Verordnung über Sicherheit und Gesundheitsschutz bei der Benutzung persönlicher Schutzausrüstungen **(PSA-Benutzungsverordnung)** wurde die europäische Richtlinie zur Benutzung persönlicher Schutzausrüstungen in nationales Recht umgesetzt. Danach haben Arbeitgeber immer dann, wenn durch andere Maßnahmen des Arbeitsschutzes kein ausreichender Schutz der Beschäftigten sichergestellt ist – ganz gleich ob in einem Stahlwerk, auf einer Baustelle oder in einem Krankenhaus -, geeignete persönliche Schutzausrüstungen für die Beschäftigten auszuwählen und bereitzustellen. Den individuellen Schutzmaßnahmen zeitlich und organisatorisch vorgeschaltet sind die kollektiven Schutzvorkehrungen wie z. B.

- ein Fanggerüst bei Dacharbeiten,
- eine Zweihandeinrückung als Pressensteuerung,
- eine Lärmkapselung von lauten Produktionsanlagen und
- ein Verriegelungsschalter an der Zugangstür zu einer verketteten Anlage.

Falls jedoch der Gebrauch von PSA erforderlich ist, sollen diese wirksam gegen spezifische Gefahren schützen, z. B. gegen

1. Gehörschäden: Ohrkapseln, Gehörschutzwatte;
2. Ersticken, Schädigung der Atemwege: Atemschutzmasken, Sauerstoff-Selbstretter;
3. Hautschäden: Schutzhandschuhe, Hautschutzcreme;
4. Stichverletzungen: Stechschutzschürze, Schutzschuhe mit Stahleinlage; Kälte: Schutzkleidung für Tiefkühlhäuser, Winterschutzkleidung für Bauarbeiten;
5. Hitze: Schutzkleidung für Brandbekämpfung oder Hochofenanstich;
6. Absturz: Höhen-Sicherheitsgeschirr, Haltegurt;
7. Herabfallende Teile: Schutzhelm, Schutzschuhe mit Stahlkappe;
8. Ertrinken: Schwimmwesten, aufblasbarer Rettungskragen;
9. Straßenverkehr: Sicherheitswesten, Arbeitskleidung mit reflektierenden Streifen;
10. Strahlung: Röntgenschutzkleidung.

Durch **Unterweisung** ist darüber hinaus Sorge zu tragen, dass die Beschäftigten wissen, wie die PSA sicherheitsgerecht zu benutzen ist.

3.11 Arbeitsschutzgesetzanwendungsverordnung des Bundesinnenministeriums (BMI)

Die Ziele der Verordnung bestehen darin, für das BMI die Tätigkeiten zu bestimmen, bei denen ein Abweichen von Vorschriften des ArbSchG unter den gesetzlich bestimmten Voraussetzungen erforderlich sein kann, und die betroffenen Dienstbereiche zu ermächtigen, im Rahmen von Dienstvorschriften festzulegen, wie die Ziele des ArbSchG auf andere Weise gewährleistet werden. Zugleich werden verbindliche Vorgaben für Dienstvorschriften gemacht, die Arbeitsschutzvorschriften gestalten sollen. Damit werden durch die Verordnung die Sicherheit und der Gesundheitsschutz der im Geschäftsbereich des BMI Beschäftigten auch bei solchen Tätigkeiten gewährleistet, die ein Abweichen von Vorschriften des ArbSchG zwingend erfordern.

Das Abweichen vom ArbSchG ist nur für solche Tätigkeiten im öffentlichen Dienst des Bundes vorgesehen, bei denen die strikte Anwendung des ArbSchG mit der ordnungsgemäßen Erfüllung bestimmter öffentlicher Aufgaben in Konflikt kommen könnte. Im Geschäftsbereich des BMI ist das bei Einsatz- und Einsatzvorbereitungstätigkeiten im Bereich des Bundesamtes für Verfassungsschutz, des Bundesgrenzschutzes, des Bundeskriminalamtes und der Einrichtungen des Zivilschutzes denkbar. Auch in den genannten Bereichen unterliegen diese Tätigkeiten grundsätzlich den Bestimmungen des ArbSchG. Ein Abweichen von einzelnen seiner Vorschriften setzt voraus, dass die betreffende öffentliche Aufgabe nicht anders erfüllt werden kann. Das Abweichen ist nur solange gestattet, wie diese Sachlage gegeben ist.

3.12 Arbeitsschutzgesetzanwendungsverordnung des Bundesministeriums der Verteidigung (BMVg)

Die Ziele der Verordnung bestehen darin, für den Geschäftsbereich des BMVg die Tätigkeiten zu bestimmen, bei denen ein Abweichen von Vorschriften des ArbSchG zulässig ist. Das Gesetz verpflichtet das BMVg, bei Abweichen von Vorschriften des ArbSchG zugleich festzulegen, wie die Ziele dieses Gesetzes auf andere Weise gewährleistet werden. Das Abweichen vom ArbSchG ist nur für solche Tätigkeiten im öffentlichen Dienst des Bundes vorgesehen, bei denen die strikte Anwendung des ArbSchG mit der ordnungsgemäßen Erfüllung bestimmter öffentlicher Aufgaben in Konflikt kommen könnte.

Im Geschäftsbereich des BMVg ist das bei den in der Verordnung näher genannten Tätigkeiten denkbar. Obwohl die von Beschäftigten der Bundeswehr auszuübenden Tätigkeiten ihrer Natur nach besonderen Anforderungen unterliegen, und der Soldat zur besonderen Gefahrtragung verpflichtet ist, unterliegen auch seine Tätigkeiten den Bestimmungen des ArbSchG. Ein Abweichen von einzelnen Vorschriften setzt voraus, dass die betreffende öffentliche Aufgabe nicht anders erfüllt werden kann. Ab wann ein Abweichen von Vorschriften des ArbSchG zwingend erforderlich wird, kann allgemein nicht bis ins Detail geregelt werden, sondern ergibt sich erst aus der konkreten Situation bei der Durchführung der Aufgabe.

Das Abweichen ist nur solange gestattet, wie diese Sachlage gegeben ist. Das Handeln der Beschäftigten der Bundeswehr ist aus dem grundgesetzlichen Auftrag heraus auf Ausnahme- und Krisensituationen angelegt. Aus diesem Grund bedarf es auch bei der Anwendung des Arbeitsschutzes flexibler Elemente, die ein Handeln ohne Rechtsverstoß in jeder Lage zulassen müssen.

4 Bezüge zum Jugendarbeitsschutzrecht

Das Jugendarbeitsschutzrecht hat anders als die Arbeitsschutz-Verordnungen formalrechtlich einen nur **mittelbaren Bezug zum Arbeitsschutzgesetz.** Durch die Novelle zum Jugendarbeitsschutzgesetz von 1997 ist das bis dahin geltende nationale Jugendarbeitsschutzrecht an die europäische Richtlinie über den Jugendarbeitsschutz angepasst worden. Die Mindestnormen der Jugendarbeitsschutz-Richtlinie waren Mitte der 90er Jahre durch das Jugendarbeitsschutzgesetz bereits weitgehend erfüllt, so dass im Wesentlichen nur die Vorschriften über das Verbot der Kinderarbeit neu gefasst werden mussten.

5 Das „ABC" des Arbeitsschutzes

Angesichts der **verwirrenden Vielfalt** von europäischen Verordnungen und Richtlinien sowie nationalen Gesetzen, Verordnungen und Unfallverhütungsvorschriften darf es nicht verwundern, wenn in der betrieblichen Praxis vielfach der Überblick darüber verlorengeht, welche Regelungen es überhaupt gibt und wo in den **verschiedenen Regelungssystemen** dem Grunde nach **gleiche Sachverhalte** angesprochen sind. Auch die Binnenstruktur einzelner Richtlinien - und damit die der daraus entstandenen Verordnungen - gleicht vielfach einem Puzzle, dessen Einzelteile erst mühsam sortiert werden müssen, bevor ein Gesamtbild entsteht. Aus dem Inhalt des Arbeitsschutzgesetzes sowie der hieraus abgeleiteten Verordnungen lässt sich der wesentliche Inhalt des deutschen Arbeitsschutzrechts, nach Begriffen und Regelungssystemen **alphabetisch geordnet,** wie folgt darstellen.

5.1 Anforderungen an die Gestaltung (Ergonomie)

Das Arbeitsschutzgesetz und die Folgeregelungen orientieren sich am Leitbild der **menschengerechten Arbeit und Arbeitsplatzgestaltung,** die mithelfen sollen, Unfälle zu verhüten und arbeitsbedingte Gesundheitsgefahren zu verringern oder sogar abzuwenden. Insbesondere bei der Gestaltung von Arbeitsplätzen sowie bei der Auswahl der Arbeits- und Fertigungsverfahren - vor allem im Hinblick auf eine ergonomische Gestaltung der Arbeitsplätze und auf eine Erleichterung bei **eintöniger Arbeit** sowie bei maschinenbestimmtem Arbeitsrhythmus soll auf eine Verminderung ihrer gesundheitsschädigenden Auswirkungen für die Beschäftigten hingewirkt werden. In der Sprache des deutschen Arbeitsschutzrechts war seit 1972 die Anpassung der Arbeit an den Menschen als wesentliches Ziel der menschengerechten Gestaltung der Arbeit im Rahmen der parlamentarischen Beratungen zum BetrVG und ASiG definiert worden.

Bis heute gehört die Anpassung der Arbeit an die physischen und psychischen Eigenschaften und Fähigkeiten der einzelnen Beschäftigten zu den wesentlichen Inhalten dieses Rechtsbegriffs. Es besteht jedoch weitgehende Übereinstimmung, dass sich der Begriff der menschengerechten Gestaltung der Arbeit nicht in gesundheitsbezogenen Forderungen erschöpft, sondern ebenso weitergehend die Förderung und Entfaltung der Persönlichkeit der Beschäftigten im Betrieb durch eine entsprechende Arbeitsorganisation umfassen soll. Die heutige Arbeitswissenschaft geht ebenso von einer umfassenden und nicht nur gesundheitsbezogenen Bedeutung der menschengerechten Gestaltung der Arbeit aus.

5.1.1 Anforderungen an die Gestaltung im Arbeitsschutzgesetz

Nach § 5 ArbSchG, der dem Arbeitgeber vorrangig die Beurteilung der Arbeitsbedingungen abverlangt, werden auch Mängel im Bereich der Ergonomie als Gefährdungspotentiale angesehen. So kann sich nach § 5 Abs. 3 ArbSchG eine Gefährdung insbesondere ergeben durch

- die Gestaltung und die Einrichtung der Arbeitsstätte und des Arbeitsplatzes (Abs. 3 Nr. 1),
- die Gestaltung, die Auswahl und den Einsatz von Arbeitsmitteln, insbesondere von Arbeitsstoffen, Maschinen, Geräten und Anlagen sowie den Umgang damit (Abs. 3 Nr. 3),
- die Gestaltung von Arbeits- und Fertigungsverfahren, Arbeitsabläufen und Arbeitszeit und deren Zusammenwirken (Abs. 3 Nr. 4).

5.1.2 Anforderungen an die Gestaltung in der Betriebssicherheitsverordnung

§ 7 der Betriebssicherheitsverordnung gestattet dem Arbeitgeber den Beschäftigten erstmalig nur Arbeitsmittel bereitzustellen, die

1. solchen Rechtsvorschriften entsprechen, durch die Gemeinschaftsrichtlinien in deutsches Recht umgesetzt werden, oder,
2. wenn solche Rechtsvorschriften keine Anwendung finden, den sonstigen Rechtsvorschriften entsprechen, mindestens jedoch den Vorschriften des Anhangs 1.

Arbeitsmittel, die den Beschäftigten vor dem In-Kraft-Treten der Verordnung, d. h. vor dem 3. 10. 2002 erstmalig bereitgestellt worden sind, müssen

1. den im Zeitpunkt der erstmaligen Bereitstellung geltenden Rechtsvorschriften entsprechen, durch die Gemeinschaftsrichtlinien in deutsches Recht umgesetzt worden sind, oder,
2. wenn solche Rechtsvorschriften keine Anwendung finden, den im Zeitpunkt der erstmaligen Bereitstellung geltenden sonstigen Rechtsvorschriften entsprechen, mindestens jedoch den Anforderungen des Anhangs 1 Nr. 1 und 2.

Nach § 7 Abs. 5 der Verordnung hat der Arbeitgeber die erforderlichen Maßnahmen zu treffen, damit die Arbeitsmittel während der gesamten Benutzungsdauer den Anforderungen des § 7 Absätze 1 bis 4 entsprechen.

5.1.3 Anforderungen an die Gestaltung in der Bildschirmarbeitsverordnung

Die Bildschirmarbeitsverordnung folgt der Methodik umfängliche Standards für die an Bildschirmarbeitsplätze zu stellende Anforderungen in einem separaten Anhang zu § 4 der Verordnung aufzulisten. **Kernpunkte** sind dabei die Bereiche Bildschirmgerät und Tastatur, sonstige Arbeitsmittel, Arbeitsumgebung sowie das Zusammenwirken von Mensch und Arbeitsmittel. Der Anhang zu § 4 BildscharbV entspricht den Formulierungen der EG-Bildschirm-Richtlinie. Er enthält **Ziele,** um Sicherheit und Gesundheitsschutz der Beschäftigten am Bildschirmarbeitsplatz zu gewährleisten, ohne konkrete Vorgaben aufzuerlegen. Letztere können den allgemein anerkannten Regeln der Technik entnommen werden, z. B. DIN 66 234 „Bildschirmarbeit", ISO 9241 Teil 10 „Software-Gestaltung". Einen umfassenden Überblick gibt der Bericht Nr. 16 „Normung im Bereich Bildschirmarbeit" der Kommission für Arbeitsschutz und Normung (KAN).

Nach § 4 Abs. 3 der Verordnung **darf** allerdings von den Anforderungen des **Anhangs abgewichen werden, wenn**

- die spezifischen Erfordernisse des Bildschirmarbeitsplatzes oder Merkmale der Tätigkeit diesen Anforderungen entgegenstehen oder
- der Bildschirmarbeitsplatz entsprechend den jeweiligen Fähigkeiten der daran tätigen Behinderten unter Berücksichtigung von Art und Schwere der Behinderung gestaltet wird

und dabei Sicherheit und Gesundheitsschutz auf andere Weise gewährleistet sind.

Abs. 3 Nr. 1 trägt der Tatsache Rechnung, dass es eine nicht unbeträchtliche Zahl von Arbeiten mit Bildschirmgeräten gibt, bei denen die technischen Parameter des Bildschirmarbeitsplatzes oder die Merkmale der Tätigkeit diesen Anforderungen tatsächlich **zwingend entgegenstehen.**

Beispielhaft ist hier zu nennen: Anforderungen an Klimatisierung und Beleuchtung in Lagern, Werkstätten, Hallen etc.; keine Möglichkeit zur Helligkeitsverstellung bei Bildschirmgeräten in der Prozesskontrolle oder bei Alarmsignaldarstellungen, soweit sie unter den Anwendungsbereich dieser Verordnung fallen.

Der Anhang zu § 4 der Verordnung entspricht dem Anhang der entsprechenden EG-Richtlinie. Die Anforderungen wurden im Interesse einer leichteren Anwendung in der Praxis systematisiert. Der Anhang enthält Ziele, schreibt aber nicht vor, wie diese Ziele zu erreichen sind. Die Bestimmungen des Anhangs gelten - wie die gesamte Verordnung - dem Ziel, Sicherheit und Gesundheitsschutz der Beschäftigten, die mit Bildschirmgeräten arbeiten, zu gewährleisten und zu verbessern. Sie gelten selbstverständlich nur, soweit die entsprechenden Elemente am Bildschirmarbeitsplatz vorhanden sind.

Die Anforderungen entsprechen im wesentlichen den **allgemein anerkannten Regeln der Technik**, wie sie insbesondere in den „Sicherheitsregeln für Bildschirmarbeitsplätze im Bürobereich" - ZH 1/618 - und den einschlägigen DIN-Normen (DIN 66 234 „Bildschirmarbeit") niedergelegt sind. Die im Abschnitt „**Zusammenwirken Mensch-Arbeitsmittel**" aufgeführten Anforderungen entsprechen inhaltlich Nummer 3 des Anhangs der einschlägigen EG-Richtlinie. Sie wurden jedoch zum Zwecke der leichteren betrieblichen Anwendbarkeit redaktionell an die Formulierungen der internationalen Norm ISO 9241 Teil 10 angepasst, die den weltweit gültigen Standard für die ergonomische Software-Gestaltung setzt.

5.1.4 Anforderungen an die Gestaltung in der Gefahrstoffverordnung

Gemäß § 8 Abs. 2 Nr. 1 der **GefahrstoffV** ist die Gefährdung der Gesundheit und der Sicherheit der Beschäftigten bei Tätigkeiten mit Gefahrstoffen u. a. zu beseitigen oder auf ein

Minimum zu reduzieren durch die **Gestaltung des Arbeitsplatzes und Arbeitsorganisation**. Dies entspricht einschlägigen Vorschriften aus der maßgeblichen europäischen Richtlinie. Dabei setzt man gleichzeitig Anforderungen der europäischen Krebsrichtlinie um, die entsprechend der bestehenden Richtlinie in vergleichbarer Weise auch für nicht krebserzeugende Stoffe gelten. Der Arbeitgeber hat auf der Basis der Gefährdungsbeurteilung die erforderlichen Schutzmaßnahmen durchzuführen. Nach § 7 Abs. 1 Satz 2 Nr. 8 ist die Wirksamkeit der getroffenen oder zu treffenden Schutzmaßnahmen zu prüfen.

Eine wiederkehrende Prüfung ist notwendig, um die Wirksamkeit der Schutzmaßnahmen auf Dauer zu gewährleisten. Der Unternehmer kann die Fristen für die wiederkehrende Überprüfung der Wirksamkeit der technischen Schutzmaßnahmen entsprechend des fortschreitenden Standes der Sicherheitstechnik festlegen. Die Prüfung muss jedoch spätestens nach 3 Jahren erfolgen. Zur Minimierung des Aufwandes kann die Prüfung auch im Rahmen von Prüfungen nach anderen Rechtsvorschriften durchgeführt und aufgezeichnet werden. Die Aufzeichnung kann jedoch auch der Dokumentation der Gefährdungsbeurteilung beigefügt werden.

5.1.5 Anforderungen an die Gestaltung in der Lärm- und Vibrations-Arbeitsschutzverordnung

Nach § 10 der **Lärm- und Vibrations-Arbeitsschutzverordnung** ist der Arbeitgeber zu Maßnahmen zur Vermeidung und Verringerung der Exposition durch Vibrationen verpflichtet.

Gemäß § 10 Abs. 1 Satz 3 der Verordnung haben in diesem Kontext technische Maßnahmen zur Minderung von Vibrationen Vorrang vor organisatorischen Maßnahmen.

Soweit dabei die **Ergonomie** zu einer Verbesserung beitragen kann, ergeben sich **weitere Pflichten** aus § 10 Abs. 2 Ziffern 2 und 5 der Verordnung.

Danach zählen zu den Maßnahmen nach Absatz 1 auch

- die Auswahl und der Einsatz neuer oder bereits vorhandener Arbeitsmittel, die nach **ergonomischen Gesichtspunkten** ausgelegt sind und unter Berücksichtigung der auszuführenden Tätigkeit möglichst geringe Vibrationen verursachen,
- die **Gestaltung und Einrichtung** der Arbeitsstätten und Arbeitsplätze.

5.1.6 Anforderungen an die Gestaltung im Mutterschutzrecht

§ 2 Abs. 1-3 des **Mutterschutzgesetzes** (MuSchG) verpflichtet den Arbeitgeber u. a. durch die **Gestaltung des Arbeitsplatzes**, den besonderen Belangen werdender oder stillender Mütter Rechnung zu tragen. Diese Verpflichtung findet ihre Konkretisierung durch § 2 Abs. 4 MuSchG i. V. m. § 3 der MuSchRiV, wonach der Arbeitgeber, wenn die Arbeitsplatzbeurteilung nach § 1 der Verordnung ergibt, dass die Sicherheit oder Gesundheit der betroffenen Arbeitnehmerinnen gefährdet ist und dass Auswirkungen auf Schwangerschaft oder Stillzeit möglich sind, die erforderlichen Maßnahmen trifft, damit durch eine einstweilige **Umgestaltung der Arbeitsbedingungen** und gegebenenfalls der Arbeitszeiten für werdende oder stillende Mütter ausgeschlossen wird, dass sie dieser Gefährdung ausgesetzt sind.

Ist die **Umgestaltung der Arbeitsbedingungen** oder gegebenenfalls der Arbeitszeiten unter Berücksichtigung des Standes von Technik, Arbeitsmedizin und Hygiene sowie sonstiger gesicherter arbeitswissenschaftlicher Erkenntnisse nicht möglich oder wegen des nachweislich unverhältnismäßigen Aufwandes nicht zumutbar, so trifft der Arbeitgeber die erforderlichen Maßnahmen für einen **Arbeitsplatzwechsel** der betroffenen Arbeitnehmerinnen (§ 3 Abs. 2). Ist der Arbeitsplatzwechsel nicht möglich oder nicht zumutbar, dürfen werdende oder stillende Mütter so lange nicht beschäftigt werden, wie dies zum Schutze ihrer Sicherheit und Gesundheit erforderlich ist (§ 3 Abs. 3). Nach § 3 Abs. 2 ist auch im Falle einer möglichen **Umgestaltung der Arbeitsbedingungen** die Zumutbarkeit für den Arbeitgeber zu prüfen. Die entsprechende Passage der europäischen Mutterschutz-RL verwendet dazu die Formulierung „ist die Umgestaltung. nicht möglich oder aus gebührend nachgewiesenen Gründen nicht zumutbar, ...", während § 3 Abs. 2 die Unzumutbarkeit aus dem nachweislich unverhältnismäßigen Aufwand ableitet. Dieses Merkmal der **Unverhältnismäßigkeit** entspricht bereits der Auslegung des § 2 MuSchG hinsichtlich der Grenzen der Verpflichtung des Arbeitgebers zur **Umgestaltung des Arbeitsplatzes** und der ihm verbleibenden Möglichkeit, die betroffene Arbeitnehmerin zur Vermeidung eines unverhältnismäßigen Aufwandes auf einen anderen gefahrfreien Arbeitsplatz umzusetzen.

§ 3 Abs. 2 der Verordnung verwendet somit für den Begriff der Unzumutbarkeit eine gegenüber dem europäischen Recht klärende, aber nicht abschwächende Formulierung, die eventuelle Schutzbehauptungen zur Unverhältnismäßigkeit des Aufwandes verhindert. Die Regelung gilt für arbeits- und auch für verwaltungsrechtliche Angelegenheiten.

Aus der entsprechenden Zweckbestimmung des § 3 Abs. 2 - Vermeidung der Unzumutbarkeit für den Arbeitgeber - folgt, dass das Merkmal **„nachweislich" nicht im Sinne** einer vollen **Beweislastumkehr** zu verstehen ist. Der Arbeitgeber muss den „unverhältnismäßigen Aufwand" glaubhaft machen. **„Glaubhaft machen"** bedeutet nach § 611a Abs. 1 Satz 3 BGB und § 294 ZPO, dass die behaupteten Tatsachen überwiegend wahrscheinlich gemacht werden müssen.

5.1.7 Anforderungen an die Gestaltung in der PSA-Benutzungsverordnung

Dass ein enger Zusammenhang zwischen persönlicher Schutzausrüstung und entsprechender Anforderung für deren **Gestaltung** besteht, liegt nahe. Nach § 2 Abs. 2 der **PSA-Benutzungsverordnung** müssen persönliche Schutzausrüstungen den Beschäftigten **individuell passen**. Sie sind grundsätzlich für den Gebrauch durch eine Person bestimmt.

Erfordern die Umstände eine Benutzung durch verschiedene Beschäftigte, hat der Arbeitgeber dafür zu sorgen, dass Gesundheitsgefahren oder hygienische Probleme nicht auftreten. § 2 Absatz 2 dient der Umsetzung entsprechender Vorgaben aus der europäischen PSA-Richtlinie und betont den Grundsatz der personengebundenen Nutzung.

Die Bereitstellung der PSA in einer für den Benutzer **angemessenen Form und Größe** ist in jedem Fall eine wesentliche Voraussetzung für die Gewährleistung der entsprechenden Schutzziele. Insbesondere PSA, die den Benutzer **gegen tödliche Gefahren** oder vor ernsten und irreversiblen **Gesundheitsschäden schützen** sollen, bedürfen darüber hinaus einer **individuellen Anpassung** an den Träger. Werden mehrere persönliche Schutzausrüstungen gleichzeitig von einer oder einem Beschäftigten benutzt, muss der Arbeitgeber diese Schutzausrüstungen so aufeinander abstimmen, dass die Schutzwirkung der einzelnen Ausrüstungen nicht beeinträchtigt wird (§ 2 Abs. 3 PSA-BenutzungsVO).

5.2 Anwendungsbereiche

In der betrieblichen Praxis stellt sich vielfach die Frage, ob eine Vorschrift oder gar ein ganzes Regelungssystem für das jeweilige Unternehmen überhaupt Anwendung findet. Die Antwort darauf kann nur anhand der einzelnen Regelungsbereiche individuell gegeben werden.

5.2.1 Anwendungsbereiche des Arbeitsschutzgesetzes

Die allgemeinverbindlichste Regelung über den Anwendungsbereich trifft § 1 Abs. 1 Satz 2 i. V m. Abs. 2 ArbSchG: Es gilt in allen Tätigkeitsbereichen. Das Gesetz trifft keine Aussage über den räumlichen Anwendungsbereich. Dies ist bei öffentlich-rechtlichen Bestimmungen (also auch solchen des Arbeitsschutzes) so üblich. Gemäß dem Territorialitätsprinzip gilt das ArbSchG räumlich nur in der Bundesrepublik **Deutschland.** Nicht maßgeblich sind die Staatsangehörigkeit des Arbeitgebers oder des Beschäftigten. Maßgebend ist allein die Beschäftigung im Inland.

Das ArbSchG **gilt daher:**

- für inländische Betriebe inländischer Unternehmer,
- für inländische Betriebe ausländischer Unternehmen (also auch für ausländische Beschäftigte, die - abgesandt von einem ausländischen Betrieb – tatsächlich in der Bundesrepublik Deutschland ihre Arbeit ausüben),
- nicht für die Beschäftigung deutscher Arbeitnehmer im Ausland; für sie gilt das Arbeitsschutzrecht des Staates, in dem sie tätig sind. Allerdings kann arbeitsvertraglich geregelt werden, dass weitergehende Vorschriften des ArbSchG zu beachten sind.

Eine **personelle Abgrenzung** trifft das Arbeitsschutzgesetz allerdings dadurch, dass es **nicht** für den Arbeitsschutz von **Hausangestellten** in privaten Haushalten gilt. Es gilt auch nicht für den Arbeitsschutz von Beschäftigten auf **Seeschiffen** und in Betrieben, die dem **Bundesberggesetz** unterliegen, soweit dafür entsprechende Rechtsvorschriften bestehen, § 1 Abs. 2 ArbSchG.

5.2.2 Anwendungsbereiche der Arbeitsstättenverordnung

§ 1 Abs. 1 und Abs. 2 der **Arbeitsstättenverordnung** i. V. m. § 2 Abs. 1 beschreiben in einem Regel-Ausnahme-Verhältnis den **örtlichen Anwendungsbereich** der Verordnung. Die Verordnung dient der Sicherheit und dem Gesundheitsschutz der Beschäftigten beim Einrichten und Betreiben von Arbeitsstätten, wobei als Arbeitsstätten zu betrachten sind

1. Orte in Gebäuden oder im Freien, die sich auf dem Gebäude eines Betriebes oder einer Baustelle befinden und die zur Nutzung für Arbeitsplätze vorgesehen sind,
2. andere Orte in Gebäuden oder im Freien, die sich auf dem Gelände eines Betriebes oder einer Baustelle befinden und zu denen Beschäftigte im Rahmen ihrer Arbeit Zugang haben (§ 2 Abs. 1).

Zur Arbeitsstätte gehören auch Einrichtungen, soweit für diese in dieser Verordnung besondere Anforderungen gestellt werden und sie dem Betrieb der Arbeitsstätte dienen (§ 2 Abs. 4 letzter Satz).

Die Arbeitsstättenverordnung **gilt nicht** für Arbeitsstätten in Betrieben, die dem Bundesberggesetz unterliegen, und mit Ausnahme von § 5 nicht

1. im Reisegewerbe und Marktverkehr,
2. in Transportmitteln, sofern diese im öffentlichen Verkehr eingesetzt werden,
3. für Felder, Wälder und sonstige Flächen, die zu einem land- oder forstwirtschaftlichen Betrieb gehören, aber außerhalb seiner bebauten Fläche liegen.

5.2.3 Anwendungsbereiche der Baustellenverordnung

Der Anwendungsbereich der **Baustellenverordnung** ergibt sich aus § 1 Abs. 1 und 3. Demnach dient diese Verordnung der wesentlichen Verbesserung von Sicherheit und Gesundheitsschutz der Beschäftigten auf' Baustellen. Sie gilt gemäß § 1 Abs. 2 der Verordnung **nicht für** Tätigkeiten und Einrichtungen im Sinne des § 2 des Bundesberggesetzes.

Abs. 3 enthält **die Legaldefinition für die Baustelle** als den Ort, an dem ein Bauvorhaben ausgeführt wird. Dort werden eine oder mehrere bauliche Anlagen errichtet, geändert oder abgebrochen, einschließlich der zugehörigen Vorbereitungs- und Abschlussarbeiten. Bauliche Anlagen sind mit dem Erdboden verbundene, aus Baustoffen oder Bauteilen hergestellte Anlagen. Dazu zählen auch

1. Aufschüttungen und Abgrabungen,
2. Lagerplätze, Deponien, Abstellplätze und Ausstellungsplätze, Stellplätze für Kraftfahrzeuge, Gerüste,
3. Hilfseinrichtungen zur statischen Sicherung von Bauzuständen,
4. Bauwerke des Hoch- und Tiefbaus im Zusammenhang mit prozesstechnischen Anlagen.

Als **Änderung einer baulichen Anlage** gelten eine nicht unerhebliche Umgestaltung, insbesondere des konstruktiven Gefüges sowie die Änderung oder der Austausch wesentlicher Bauteile, z. B. Entkernung, Dach-, Fassaden- oder Außenputzerneuerung, auch im Rahmen von größeren Instandhaltungs- einschließlich Instandsetzungs- und Sanierungsarbeiten. **Nicht** um eine **Änderung** von baulichen Anlagen handelt es sich dagegen bei Schönheitsreparaturen oder laufenden Bauunterhaltungsarbeiten geringen Umfangs, z. B. einen Innenanstrich in Wohnungen, Austausch von Bodenbelägen, Reparatur der Verschleißschicht von Straßen.

5.2.4 Anwendungsbereiche der Betriebssicherheitsverordnung

Der Anwendungsbereich der **Betriebssicherheitsverordnung** ergibt sich aus § 1 Abs. 1 und 2. Danach gilt die Verordnung für die Bereitstellung von Arbeitsmitteln durch Arbeitgeber sowie für die Benutzung von Arbeitsmitteln durch Beschäftigte bei der Arbeit, sowie für überwachungsbedürftige Anlagen im Sinne des § 2 Abs. 7 des Geräte- und Produktsicherheitsgesetzes (GPSG), soweit es sich um die aus einer entsprechenden Liste ersichtlichen Geräte und Anlagen handelt.

Die Betriebssicherheitsverordnung gilt grundsätzlich für die Bereitstellung von Arbeitsmitteln durch den Arbeitgeber und die Benutzung derselben durch seine Beschäftigten bei der Arbeit. Die Regelungen der Verordnungen entsprechen somit der europäischen Arbeitsmittelbenutzungsrichtlinie und konkretisieren zugleich das Arbeitsschutzgesetz (ArbSchG). § 1 Abs. 2 BetrSichV enthält besondere Bestimmungen für **überwachungsbedürftige Anlagen.** Als Teilmenge von „Arbeitsmitteln" gehören überwachungsbedürftige Anlagen im Sinne des § 2 Abs. 7 GPSG zu den „Arbeitsmitteln" (§ 2 Abs. 1 BetrSichV). Insoweit gelten auch für überwachungsbedürftige Anlagen die gemeinsamen Vorschriften für Arbeitsmittel im zweiten Abschnitt der Betriebssicherheitsverordnung. Dies trifft jedoch nur dann zu, wenn ein Arbeitgeber eine überwachungsbedürftige Anlage bereitstellt oder ein Beschäftigter sie bei der Arbeit benutzt (§ 1 Abs. 1 BetrSichV).

Eine entsprechende Klarstellung enthält § 1 Abs. 2 Satz 3 BetrSichV. Wird eine überwachungsbedürftige Anlage nicht von einem Arbeitgeber betrieben oder wird sie nicht von Beschäftigten bei der Arbeit benutzt, gelten für das Betreiben dieser Anlage die Vorschriften des dritten Abschnitts und die zugehörigen speziellen Vorschriften für überwachungsbedürftige Anlagen aus den Abschnitten 1 und 4 der Betriebssicherheitsverordnung.

5.2.5 Anwendungsbereiche der Bildschirmarbeitsverordnung

§ 1 Abs. 1 der **Bildschirmarbeitsverordnung** legt als **sachlichen Anwendungsbereich** die Arbeit an Bildschirmgeräten fest. Eine Legaldefinition des Begriffes „Bildschirmgerät" enthält § 2 Abs. 1 BildscharbV.

Der Geltungsbereich beschränkt sich jedoch nicht auf Büroarbeitsplätze mit Computern. Nach der amtlichen Begründung des Bundesarbeitsministeriums umfasst er darüber hinaus alle Arten von Tätigkeiten an Bildschirmen, also z. B. auch Arbeitsplätze in der Wartung eines Kraftwerkes und bei der Steuerung verketteter Produktionsanlagen.

Wie der Europäische Gerichtshof bereits im Jahr 2000 entschieden hat, gehört dazu auch der Arbeitsplatz beim Cutten von Filmen („Schneidetisch").

Der EuGH hat Folgendes für Recht erkannt:

1. Unter den Begriff Bildschirm zur Grafikdarstellung im Sinne der EG-Bildschirm-Richtlinie fallen auch Bildschirme, auf denen Filmaufzeichnungen in analoger oder digitalisierter Form dargestellt werden.
2. Ein Arbeitsplatz, auf dem analoges oder digitalisiertes Bildmaterial mit Hilfe von technischen Einrichtungen und/oder Computerprogrammen bearbeitet wird, um sendefähige Fernsehbeiträge fertig zu stellen, fällt dagegen nicht unter den Begriff Bedienerplatz von Maschinen im Sinne der Maschinen-Richtlinie 90/270/EWG.

Der **persönliche Anwendungsbereich** umfasst durch die Stützung der BildscharbV auf das ArbSchG - soweit sich nicht aus § 2 Abs. 3 und Abs. 4 Ausnahmen ergeben - alle Beschäftigten im Sinne des § 2 Abs. 2 ArbSchG. Somit fallen darunter grundsätzlich Arbeitnehmerinnen und Arbeitnehmer, Beschäftigte in Berufsausbildung, Beamtinnen und Beamte, Richterinnen und Richter, Soldatinnen und Soldaten. Eine **gravierende Einschränkung** enthält jedoch die **zeitbezogene** Definition in § 2 Abs. 3 BildscharbV für Beschäftigte im Sinne der Bildschirmarbeitsverordnung.

Diese Verordnung gilt für die Arbeit an Bildschirmgeräten, jedoch **nicht für die Arbeit** an

- Bedienerplätzen von Maschinen oder an Fahrerplätzen von Fahrzeugen mit Bildschirmgeräten,
- Bildschirmgeräten an Bord von Verkehrsmitteln,
- Datenverarbeitungsanlagen, die hauptsächlich zur Benutzung durch die Öffentlichkeit bestimmt sind,
- Bildschirmgeräten für den ortsveränderlichen Gebrauch, sofern sie nicht regelmäßig an einem Arbeitsplatz eingesetzt werden,
- Rechenmaschinen, Registrierkassen oder anderen Arbeitsmitteln mit einer kleinen Daten- oder Messwertanzeigevorrichtung, die zur unmittelbaren Benutzung des Arbeitsmittels erforderlich ist, sowie
- Schreibmaschinen klassischer Bauart mit einem Display.

Die Vorschrift enthält in Übereinstimmung mit Artikel 1 Abs. 3 der EG-Richtlinie eine abschließende Aufzählung der Arbeiten, für die diese Verordnung nicht gilt.

Bedienerplätze von Maschinen sind solche Plätze, an denen bei einzelnen Maschinen (wie z. B. Industrieroboter oder computergestützte Werkzeugmaschinen - CNC-Maschinen) in der Produktion über eine Steuereinrichtung mit Bildschirm, die integrierter Bestandteil der Maschine ist, unmittelbar in den Produktionsablauf dieser Maschine eingegriffen wird.

Datenverarbeitungsanlagen, die hauptsächlich für die Benutzung durch die Öffentlichkeit bestimmt sind (z. B. Geldautomaten), sind vom Geltungsbereich dieser Verordnung ausgenommen, weil hier die Benutzung durch die Öffentlichkeit im Vordergrund steht; die darüber hinaus nur ausgesprochen kurzzeitige Benutzung lässt keinerlei gesundheitliche Auswirkungen auf die Beschäftigten erwarten.

Bei **Bildschirmgeräten** für den **ortsveränderlichen Gebrauch** handelt es sich insbesondere um Laptops oder Notebooks. Diese Geräte fallen dann unter die Regelung der Nichtanwendung, sofern sie nicht regelmäßig an einem Arbeitsplatz eingesetzt werden.

Schreibmaschinen klassischer Bauart mit einem Display sind von der Anwendung ausgenommen, weil die Anzeige der Zeichen bei ihnen nur von untergeordneter Bedeutung für die Tätigkeit ist.

Auch der Bergbau unterliegt **nicht** den Regelungen der BildscharbV (§ 1 Abs. 3).

5.2.6 Anwendungsbereiche der Biostoffverordnung

Der Anwendungsbereich der **Biostoffverordnung** ergibt sich aus deren § 1. Danach gilt die Verordnung für Tätigkeiten mit biologischen Arbeitsstoffen einschließlich Tätigkeiten in deren Gefahrenbereich. Damit soll der Schutz der Beschäftigten vor der Gefährdung ihrer Sicherheit und Gesundheit bei diesen Tätigkeiten erreicht werden. Die Verordnung gilt nach § 1 Satz 3 **nicht für Tätigkeiten, die dem Gentechnikrecht unterliegen,** soweit dort gleichwertige oder strengere Regelungen bestehen. Der Begriff Tätigkeiten umfasst Handlungen von Beschäftigten mit biologischen Arbeitsstoffen, wie sie in § 2 Abs. 4 der Verordnung näher konkretisiert werden. Die Einbeziehung der Tätigkeiten im Gefahrenbereich wurde übernommen vom Gefahrstoff- und vom Gentechnikrecht (§ 2 Abs. 3 GefStoffVO und § 1 GenTSVO), um so auch eine **Abgrenzung zum Arbeitsstättenrecht** zu erreichen. Damit wird klargestellt, dass nicht jeglicher Kontakt mit biologischen Arbeitsstoffen von der Verordnung erfasst wird, sondern ein direkter Bezug zur beruflichen Tätigkeit bestehen muss. Dies bedeutet im Ergebnis, dass das **bloße passive Ausgesetztsein** gegenüber Krankheitserregern **nicht erfasst** wird, sondern der Arbeitsstättenverordnung unterliegt.

5.2.7 Anwendungsbereiche der Gefahrstoffverordnung

Die **Gefahrstoffverordnung** gilt gemäß § 1 Abs. 1 für das Inverkehrbringen von Stoffen, Zubereitungen und Erzeugnissen, zum Schutz der Beschäftigten und anderer Personen vor Gefährdungen ihrer Gesundheit und Sicherheit durch Gefahrstoffe und zum Schutz der Umwelt vor stoffbedingten Schädigungen. Sofern nicht ausdrücklich etwas anderes bestimmt ist, **gilt** diese Verordnung **nicht**

- für Stoffe, die biologische Arbeitsstoffe im Sinne des § 2 Abs. 1 der Biostoffverordnung vom 27. 1. 1999 (BGBI. 1 S. 50), die zuletzt durch Art. 4 der Verordnung zur Umsetzung der EG-Richtlinien 2002/44/EG und 2003/10/ EG zum Schutz der Beschäftigten vor Gefährdungen durch Lärm und Vibrationen vom 6. 3. 2007 (BGBI. 1 S. 261) geändert worden ist, sind
- in Haushalten, § 1 Abs. 5 Satz 1.

Sie gilt **ferner nicht** in Betrieben, die dem Bundesberggesetz unterliegen, soweit dort oder in den aufgrund dieses Gesetzes erlassenen Rechtsverordnungen entsprechende Rechtsvorschriften bestehen, § 1 Abs. 5 Satz 2.

§ 1 Abs. 1 legt den Anwendungsbereich der gesamten Verordnung in allgemeiner Formulierung fest. Einschränkungen des Anwendungsbereichs ergeben sich aus § 2 Abs. 3 bis 5 und § 19 Abs. 1 des Chemikaliengesetzes. So ist festlegt, dass Maßnahmen zum Schutz der Beschäftigten nur insoweit nach dem Chemikaliengesetz festgelegt werden können, als nicht bereits entsprechende Vorschriften nach dem Atomgesetz, Bundes-Immissionsschutzgesetz, Pflanzenschutzgesetz oder Sprengstoffgesetz bestehen. Neben Regelungen zum Schutz der Beschäftigten enthält die Verordnung auch solche zum Schutz der Umwelt vor stoffbedingten Schädigungen.

5.2.8 Anwendungsbereiche der Lärm- und Vibrations-Arbeitsschutzverordnung

§ 1 Abs. 1 der **Lärm- und Vibrations-Arbeitsschutzverordnung** gilt zum Schutz der Beschäftigten vor tatsächlichen oder möglichen Gefährdungen ihrer Gesundheit und Sicherheit durch Lärm oder Vibrationen bei der Arbeit. Diese Verordnung **gilt nicht** in Betrieben, die dem Bundesberggesetz unterliegen, § 1 Abs. 2. Sie deckt sowohl die Exposition bei Lärm und Vibrationen ab, die unmittelbar als Folge von Tätigkeiten bei der Arbeit gegeben ist, als auch die Exposition, die äußere Ursachen hat - also nicht unmittelbare Folge von Tätigkeiten ist. Dies ist dadurch begründet, dass eine Gesundheitsgefährdung durch Lärm oder Vibrationen bei der Arbeit unabhängig von der Quelle besteht, und dass auch bei Messungen nicht zwischen Lärm aus unterschiedlichen Quellen unterschieden werden kann.

Absatz 2 beinhaltet die Ausnahme für den bestehenden Vorrang bergrechtlicher Vorschriften (vgl. die §§ 11 und 12 der Gesundheitsschutz-Bergverordnung).

5.2.9 Anwendungsbereiche der Lastenhandhabungsverordnung

Gleiches wie für Bildschirmarbeitsplätze, Lärm und Vibrationen gilt auch für den Themenbereich „Lastenhandhabung", der Bergbau wird hiervon nicht berührt. § 1 Abs. 1 der **Lastenhandhabungsverordnung** bestimmt entsprechend den Vorschriften der einschlägigen europäischen Richtlinie den Anwendungsbereich. Demnach gilt die Verordnung für die manuelle Handhabung von Lasten, die aufgrund ihrer Merkmale oder ungünstiger ergonomischer Bedingungen für die Beschäftigten eine Gefährdung für Sicherheit und Gesundheit, insbesondere der Lendenwirbelsäule, mit sich bringt. Allerdings umfasst Abs. 1 als Anwendungsbereich der LasthandhabV nicht jegliches manuelle Handhaben von Lasten, sondern schränkt dies auf solche Fälle ein, die auf Grund der Randbedingungen die **Sicherheit und Gesundheit der Beschäftigten** gefährden können.

Gefahren resultieren aus den Eigenschaften der jeweiligen Last oder ungünstigen ergonomischen Bedingungen. Eine maßvolle dynamische Belastung des Körpers bei der Arbeit muss nicht schädlich sein, sie kann vielmehr der Erhaltung der Gesundheit dienen. Geringe Wechselbeanspruchungen und Bewegungen fördern Kreislauf und Muskeln, Sehnen, Knochen und Bandscheiben. Sie sind sogar günstiger als eine Unterforderung des Muskel-Skelett-Systems durch das Vermeiden jeglicher Belastung. Entscheidend ist demnach die

Abgrenzung, wann die Tätigkeit für den Handhabenden ein **Risiko** darstellt. Dies ist jedoch in Theorie und Praxis schwer zu beantworten.

5.2.10 Anwendungsbereiche der PSA-Benutzungsverordnung

Der Anwendungsbereich der **PSA-Benutzungsverordnung** ist geregelt in deren § 1. Mit **Ausnahme** des **Bergbaus** gilt die Verordnung für die Bereitstellung persönlicher Schutzausrüstungen durch Arbeitgeber sowie für die Benutzung persönlicher Schutzausrüstungen durch Beschäftigte bei der Arbeit.

Der persönliche Anwendungsbereich entspricht gemäß der Ermächtigungsgrundlage (§ 19 ArbSchG) dem des Arbeitsschutzgesetzes, d. h., von der Verordnung werden grundsätzlich alle privaten und öffentlichen Tätigkeitsbereiche erfasst. Auch der Begriff **„Beschäftigte"** ist daher im Sinne von § 2 Abs. 2 ArbSchG zu verstehen; dies bedeutet: vom Anwendungsbereich werden alle diejenigen Personen erfasst, die aufgrund einer rechtlichen Beziehung zum Arbeitgeber (u. a. Arbeitsvertrag, öffentlich-rechtliches Dienstverhältnis, Arbeitnehmerüberlassung) Arbeitsleistungen erbringen. **Ehrenamtlich Tätige** fallen somit nicht in den Anwendungsbereich der Verordnung.

5.3 Ärztliche Betreuung

Prävention ist ohne angemessene ärztliche Betreuung der Arbeitnehmer schwer vorstellbar. Dem tragen die entsprechenden Vorschriften angemessen Rechnung.

5.3.1 Ärztliche Betreuung nach dem Arbeitsschutzgesetz

Im Rahmen der arbeitsmedizinischen **Vorsorge** nach § 11 Arbeitsschutzgesetz hat der Arbeitgeber den Beschäftigten **auf** ihren **Wunsch** unbeschadet der Pflichten aus anderen Rechtsvorschriften zu ermöglichen, sich je nach den Gefahren für ihre Sicherheit und Gesundheit bei der Arbeit regelmäßig **arbeitsmedizinisch untersuchen** zu lassen, es sei denn, auf Grund der Beurteilung der Arbeitsbedingungen und der getroffenen Schutzmaßnahmen ist nicht mit einem Gesundheitsschaden zu rechnen. Die Vorschrift bestimmt in Übereinstimmung mit Artikel 14 Abs. 2 der Arbeitsschutz-Rahmenrichtlinie, dass der Arbeitgeber Maßnahmen der arbeitsmedizinischen Vorsorge auch auf Wunsch der Beschäftigten zu ermöglichen hat.

Das Ausmaß dieser Verpflichtung hängt von den für die Beschäftigten bei der Arbeit **möglichen Gefahren für ihre Sicherheit und Gesundheit** ab. Die arbeitsmedizinische Vorsorge umfasst Beratung und Untersuchung.

Die Pflicht **entfällt, wenn** nach dem Ergebnis der Gefährdungsbeurteilung (§ 5) und nach den getroffenen Schutzmaßnahmen **keine Anhaltspunkte** für eine Gesundheitsgefährdung bei der jeweiligen Tätigkeit gegeben sind. Durch die Anknüpfung an die Gefährdungsbeurteilung und die Schutzmaßnahmen des Arbeitgebers werden objektive und leicht zugängliche Kriterien eingeführt, die geeignet sind, Missbrauch zu verhindern.

5.3.2 Ärztliche Betreuung nach der Bildschirmarbeitsverordnung

Eine spezielle Form der ärztlichen Vorsorge regelt § 6 Abs. 1 der **Bildschirmarbeitsverordnung.** Hiernach hat der Arbeitgeber den Beschäftigten vor Aufnahme ihrer Tätigkeit an Bildschirmgeräten, anschließend in regelmäßigen Zeitabständen sowie bei **Auftreten von Sehbeschwerden,** die auf die Arbeit am Bildschirmgerät zurückgeführt werden können, eine angemessene **Untersuchung der Augen und des Sehvermögens** durch eine fachkundige Person anzubieten. Erweist sich aufgrund der Ergebnisse dieser Untersuchung eine weitere augenärztliche Untersuchung als erforderlich, ist diese vom Arbeitgeber zu ermöglichen.

Die Untersuchung sollte nach Möglichkeit durch den Betriebsarzt vorgenommen werden, weil dieser aufgrund seiner Kenntnisse der Beschäftigten und der Arbeitsplätze am ehesten in der Lage ist, eventuell erforderlich werdende arbeitsplatzbezogene oder personenbezogene Maßnahmen vorzuschlagen. Teile dieser Untersuchung (z. B. ein Siebtest) können auch unter der Verantwortung eines Arztes von geschulten Personen durchgeführt werden. Das **Recht der freien Arztwahl** der Beschäftigten wird daher durch diese Bestimmung nicht beeinträchtigt.

5.3.3 Ärztliche Betreuung nach der Biostoffverordnung

Wie aus der Natur der Sache heraus nicht anders zu erwarten, enthält die **Biostoffverordnung** sehr umfängliche Regelungen zur arbeitsmedizinischen Vorsorge und Betreuung. Die Verpflichtung des Arbeitgebers zur **arbeitsmedizinischen Vorsorge** der Beschäftigten nach § 11 ArbSchG wird durch die Vorschrift des § 15 für den Bereich der biologischen Arbeitsstoffe konkretisiert. Absatz 1 entspricht dem Sinn der Gefahrstoffverordnung und legt dabei Inhalte und Arten der arbeitsmedizinischen Vorsorgeuntersuchungen fest. Die Differenzierung der Untersuchungsarten entspricht den Regelungen der früheren Absätze 1 bis 3 des § 15.

Nach § 15 Abs. 1 Satz 1 hat der Arbeitgeber Beschäftigte vor Aufnahme von Tätigkeiten mit biologischen Arbeitsstoffen nach Anhang IV arbeitsmedizinisch untersuchen und beraten zu lassen. **Diese Untersuchungen** sind **regelmäßig zu wiederholen,** bei gesundheitlichen Bedenken sogar in kürzeren Abständen.

Am Ende der Beschäftigung hat der Arbeitgeber dem Mitarbeiter eine solche Untersuchung erneut anzubieten. Mit dieser Regelung hat Deutschland das einschlägigen EU-Recht umgesetzt und § 11 des Arbeitsschutzgesetzes konkretisiert.

Die arbeitsmedizinischen Vorsorgeuntersuchungen sind gemäß § 15 Abs. 5 Satz 1 der Verordnung durch Ärzte durchzuführen, die die erforderlichen Fachkenntnisse besitzen und von der zuständigen Behörde ermächtigt worden sind. Dem Arzt sind auf Verlangen die zur Durchführung der **Vorsorgeuntersuchungen** erforderlichen Auskünfte über die Arbeitsplatzverhältnisse zu erteilen und eine Besichtigung des Arbeitsplatzes zu ermöglichen. Dies gilt, sowohl für vorgeschriebene als auch für freiwillige Vorsorgeuntersuchungen.

5.3.4 Ärztliche Betreuung nach der Gefahrstoffverordnung

Gemäß § 15 Abs. 1 der **Gefahrstoff V** betreffend die arbeitsmedizinische Vorsorge hat im Rahmen der nach § 3 des ArbSchG zu treffenden Maßnahmen der Arbeitgeber für eine angemessene **arbeitsmedizinische Vorsorge** zu sorgen. Sie umfasst die zur Verhütung arbeitsbedingter Gesundheitsgefahren erforderlichen arbeitsmedizinischen Maßnahmen. Bei Tätigkeiten mit Gefahrstoffen gehören dazu insbesondere die in den Ziffern 1-5 näher beschriebenen Maßnahmen.

§ 15 der GefahrstoffV setzt entsprechende Vorgaben aus dem EU-Recht um. Er übernimmt in einer weiterentwickelten Form die mit der BioStoffV und der GentechnikSicherheitsV eingeführte Neukonzeption der arbeitsmedizinischen Vorsorge hinsichtlich der Differenzierung nach Pflicht- und Angebotsuntersuchungen auch für den Gefahrstoffbereich. Abs. 1 definiert dabei den Begriff „arbeitsmedizinische Vorsorge". Die speziellen **arbeitsmedizinischen Vorsorgeuntersuchungen** gemäß § 15 Abs. 2 der Verordnung werden vom Arbeitgeber veranlasst oder angeboten und erfolgen als Maßnahmen gemäß dem Katalog der Ziffern 1-5.

Die Festlegung auf Stoffe der Kategorien 1 und 2 ist erforderlich, um die nachgewiesenermaßen krebserzeugend und erbgutschädigenden Stoffe eindeutig zu erfassen. Die Einschränkung entspricht der EG-Krebsrichtlinie (Art. 2). Es werden darüber hinaus Detailausführungen darüber gemacht, was arbeitsmedizinische Vorsorgeuntersuchungen in der Regel umfassen müssen. Weiterhin wird festgelegt, dass **Biomonitoring,** sofern anerkannte Verfahren dafür zur Verfügung stehen, Bestandteil der arbeitsmedizinischen Vorsorgeuntersuchungen ist. Für das Biomonitoring muss neben dem anerkannten Analyseverfahren auch ein entsprechender Beurteilungswert vorhanden sein, um die Belastung und die Gesundheitsgefährdung von Beschäftigten zu erfassen.

Als Beurteilungswert soll dabei vorzugsweise der **biologische Grenzwert** nach § 3 Abs. 7 zur Anwendung kommen. Um die Stellung des Biomonitoring im Rahmen der arbeitsmedizinischen Vorsorge zu fördern, ist es erforderlich, Rahmenbedingungen für Biologische Grenzwerte zu erarbeiten. Dazu wird der Ausschuss für Gefahrstoffe (AGS) das bestehende Konzept für die Biologischen-Arbeitsstoff-Toleranzwerte (BAT-Werte) schrittweise überarbeiten und neuen Überlegungen und Entwicklungen anpassen.

Nach § 16 Abs. 1 der GefahrstoffV betreffend die Veranlassung und das **Angebot arbeitsmedizinischer Vorsorgeuntersuchungen** hat der Arbeitgeber die in § 15 Abs. 2 Satz 1 Nr. 1 bis 3 genannten arbeitsmedizinischen Vorsorgeuntersuchungen regelmäßig zu veranlassen, wenn Tätigkeiten der in Abs. 1 genannten Art durchgeführt werden. Die durchgeführte arbeitsmedizinische Vorsorgeuntersuchung nach Abs. 1 ist Voraussetzung für die Beschäftigung oder Weiterbeschäftigung mit den entsprechenden Tätigkeiten, § 16 Abs. 2.

§ 16 Abs. 1 formuliert das **Entscheidungskriterium** für die Durchführung von Pflichtuntersuchungen bei Tätigkeiten mit Gefahrstoffen des Anhangs V Nr. 1. Danach sind bei Tätigkeiten mit diesen Gefahrstoffen bei Überschreitung des Grenzwertes Pflichtuntersuchungen durchzuführen, selbst dann, wenn bei den Tätigkeiten persönliche Schutzausrüstung (Atemschutz) getragen wird. Weiterhin sind **Pflichtuntersuchungen** durchzuführen, wenn bei Tätigkeiten mit hautresorptiven Gefahrstoffen des Anhangs V Nr. 1 direkter Hautkontakt besteht. Außerdem müssen arbeitsmedizinische Pflichtuntersuchungen bei den in Anhang V Nr. 2.1 genannten Tätigkeiten durchgeführt werden.

5.3.5 Ärztliche Betreuung nach der Lärm- und Vibrations-Arbeitsschutzverordnung

Ähnlich umfänglich und vielschichtig wie im Gefahrstoffrecht stellt sich das Thema „Ärztliche Betreuung" bei **lärm- und vibrationsgefährdeten Arbeitsplätzen** dar. Um frühzeitig Gesundheitsstörungen durch Lärm oder Vibrationen erkennen zu können, hat der Arbeitgeber sicherzustellen, dass ab dem Überschreiten der unteren Auslösewerte für Lärm und dem Überschreiten der Auslösewerte für Vibrationen die betroffenen Beschäftigten eine **allgemeine arbeitsmedizinische Beratung** erhalten § 11 Abs. 3 Satz 1 der LärmVibrations-ArbSchV. Die Beratung ist unter Beteiligung des in § 13 Abs. 4 genannten Arztes durchzuführen, falls dies aus arbeitsmedizinischen Gründen erforderlich sein sollte. Die arbeitsmedizinische Beratung kann im Rahmen der Unterweisung nach § 11 Abs. 1 erfolgen.

Weitere, sehr tief gestaffelte Vorschriften zur ärztlichen, konkret: **arbeitsmedizinischen Vorsorge** enthalten die §§ 13 und 14 der LärmVibrationsArbSchV. Nach § 13 Abs. 1 der Verordnung hat der Arbeitgeber im Rahmen der zu treffenden Maßnahmen für eine angemessene arbeitsmedizinische Vorsorge zu sorgen. Sie umfasst die zur Verhütung arbeitsbedingter Gesundheitsgefahren erforderlichen arbeitsmedizinischen Maßnahmen. Spezielle arbeitsmedizinische Vorsorgeuntersuchungen werden vom Arbeitgeber veranlasst oder angeboten. Sie erfolgen wie § 13 Abs. 2 vorsieht, als

- Erstuntersuchungen vor Aufnahme einer gefährdeten Tätigkeit,
- Nachuntersuchungen in regelmäßigen Abständen während dieser Tätigkeit,
- Nachuntersuchungen bei Beendigung dieser Tätigkeit und
- Untersuchungen aus besonderem Anlass nach § 14 Abs. 4.

Die **Vorsorgeuntersuchungen** umfassen in der Regel

- die Begehung oder die Kenntnis des Arbeitsplatzes durch den Arzt,
- die arbeitsmedizinische Befragung und Untersuchung der Beschäftigten,
- die Beurteilung des Gesundheitszustands der Beschäftigten unter Berücksichtigung der Arbeitsplatzverhältnisse,
- die individuelle arbeitsmedizinische Beratung und
- die Dokumentation der Untersuchungsergebnisse, (§ 13 Abs. 3).

§ 13 enthält die grundlegenden **Regelungen zur arbeitsmedizinischen Vorsorge** in Bezug auf Lärm und Vibrationen. Die hier getroffenen Bestimmungen zu Art, Zeitpunkt, Umfang und durchführenden Arzt der Vorsorgeuntersuchungen sowie zum Umgang mit dem Untersuchungsbefund entsprechen den modernen Regelungen der Gefahrstoff- und der Biostoffverordnung. Dadurch wird eine einheitliche Handhabung der arbeitsmedizinischen Vorsorge ermöglicht. Die Bestimmungen des § 13 regeln nur die **grundsätzlichen Pflichten.** Die verfahrensspezifischen Pflichten finden sich in § 14. Daher sind z. B. Erstuntersuchungen nach § 13 Abs. 2 Nr. 1 gemäß der Maßgaben in § 14 Abs. 1 und 3 durchzuführen.

§ 14 der Lärm- und Vibrations-Arbeitsschutzverordnung regelt die **Veranlassung und das Angebot arbeitsmedizinischer Vorsorgeuntersuchungen.** Die in § 13 Abs. 2 Satz 2 Nr. 1 bis 3 genannten arbeitsmedizinischen Vorsorgeuntersuchungen, also Erst- und Nachuntersuchungen im Zusammenhang mit gefährdenden Tätigkeiten, sind vom Arbeitgeber regelmäßig zu veranlassen, wenn

- bei Lärmexposition die oberen Auslösewerte nach § 6 Satz 1 Nr. 1 erreicht oder überschritten werden oder
- bei Exposition durch Vibration die Expositionsgrenzwerte nach § 9 Abs. 1 Satz 1 Nr. 1 oder § 9 Abs. 2 Satz 1 Nr. 1 für Hand-Arm- oder Ganzkörpervibrationen erreicht oder überschritten werden (§ 14 Abs. 2).

Gemäß § 14 Abs. 2 ist die Durchführung der Untersuchung nach § 13 Abs. 2 Satz 2 Nr. 1 und 2 Voraussetzung für die Ausübung der entsprechenden Tätigkeit nach § 13 Abs. 1.

§ 14 Abs. 3 der Verordnung verpflichtet den Arbeitgeber, den Beschäftigten die in § 13 Abs. 2 Satz 2 Nr. 1 und 2 genannten arbeitsmedizinischen Vorsorgeuntersuchungen anzubieten, wenn

- bei Lärmexposition die unteren Auslösewerte nach § 6 Satz 1 Nr. 2 überschritten werden oder
- bei Exposition durch Vibrationen die Auslösewerte nach § 9 Abs. 1 Satz 1 Nr. 2 oder § 9 Abs. 2 Satz 1 Nr. 2 überschritten werden.

Haben sich Beschäftigte **Erkrankungen oder Gesundheitsschäden zugezogen,** die auf eine Exposition durch Lärm oder Vibrationen zurückzuführen sein können, hat ihnen der Arbeitgeber gemäß § 14 Abs. 4 **unverzüglich arbeitsmedizinische Untersuchungen** nach § 13 Abs. 2 Satz 2 Nr. 4, also Nachuntersuchungen aus besonderem Anlass, anzubieten. Dies gilt auch für Beschäftigte mit vergleichbaren Tätigkeiten, wenn Anhaltspunkte dafür bestehen, dass sie ebenfalls gefährdet sein können.

§ 14 dient der Umsetzung des gleichartiger Vorschriften im EU-Recht. Er berücksichtigt, wie dort ausdrücklich vorgesehen, die in Deutschland üblichen Gepflogenheiten und orientiert sich in seiner Gestaltung ebenfalls an den entsprechenden Bestimmungen der Gefahrstoff- und der Biostoffverordnung.

5.4 Begriffsbestimmungen

Der Wille des Gesetzgebers wird am ehesten deutlich, wenn er den Sinn seiner Vorgaben unmittelbar als **Legaldefinitionen** im Gesetzestext verankert und die Deutung von Begriffen nicht allein der Rechtsprechung und der Kommentarliteratur überlässt. Auch das Arbeitsschutzrecht enthält in nennenswertem Umfang, wenn auch nicht abschließend, derartige gesetzliche Begriffsbestimmungen.

5.4.1 Begriffsbestimmungen im Arbeitsschutzgesetz

§ 2 des **Arbeitsschutzgesetzes** enthält insgesamt fünf Begriffsbestimmungen, und zwar für die Begriffe Arbeitsschutzmaßnahmen, Beschäftigte, Arbeitgeber, sonstige Rechtsvorschriften und Dienststellen. Auch wenn jede einzelne dieser Definitionen mit der Einschränkung „im Sinne dieses Gesetzes" zu versehen ist, werden sie gleichwohl von den aus dem Arbeitsschutzgesetz abgeleiteten Verordnungen vielfach vollinhaltlich übernommen. Die Formulierung von Begriffsbestimmungen bringt es zwangsläufig mit sich, wiederum Begriffe zu verwenden, die ihrerseits wieder der Erklärung bedürfen. Dieses Problem kann aber mit zwei Ausnahmen als hinlänglich gelöst angesehen werden.

Nach § 2 Abs. 1 ArbSchG sind **Maßnahmen des Arbeitsschutzes** im Sinne dieses Gesetzes Maßnahmen zur Verhütung von Unfällen bei der Arbeit und arbeitsbedingten Gesundheitsgefahren einschließlich Maßnahmen der menschengerechten Gestaltung der Arbeit. Eine **menschengerechte Gestaltung der Arbeit** liegt wiederum dann vor, wenn insbesondere bei der Gestaltung von Arbeitsplätzen sowie bei der Auswahl von Arbeitsmitteln und Arbeits- und Fertigungsverfahren - vor allem im Hinblick auf eine Erleichterung bei eintöniger Arbeit und bei maschinenbestimmtem Arbeitsrhythmus - auf eine Verminderung ihrer gesundheitsschädlichen Auswirkungen für die Beschäftigten hingewirkt wird. Sie bedeutet auch die Berücksichtigung der individuellen Belastungsfähigkeit und individueller Beeinträchtigungen auf Grund körperlicher Behinderungen oder besonderer Lebenssituationen (z. B. jugendliches Alter, Schwangerschaft). Soweit Arbeitgebern zur Berücksichtigung dieser Aspekte besondere Pflichten durch spezielle Rechtsvorschriften auferlegt sind, bleiben diese unberührt.

Die zweite Ausnahme bildet der Bereich der **Beschäftigten** nach § 2 Abs. 2 ArbSchG. Neben den Arbeitnehmern, den Auszubildenden, den Heimarbeitern und allen öffentlich Bediensteten führt die Vorschrift auch **die in Werkstätten für Behinderte Beschäftigten an.** Bei diesen in Absatz 2 Nr. 7 aufgeführten Personen kann teilweise zweifelhaft sein, ob sie während ihrer Beschäftigung als Arbeitnehmerinnen oder Arbeitnehmer im Sinne des § 5 Abs. 1 Arbeitsgerichtsgesetz zu betrachten sind. Auch soweit dies nicht der Fall ist, sollen sie aber einbezogen werden, weshalb sie vom Gesetzgeber besonders genannt worden sind. Der Gesetzgeber hat damit dem europäischen Recht entsprochen, wonach **besonders gefährdete Risikogruppen** gegen die speziell sie bedrohenden Gefahren geschützt werden müssen. Der Ministerrat der EU hatte dazu bereits im Jahre 1989 diese Vorschrift in einem Zusatzprotokoll wie folgt konkretisiert: Zu den besonders gefährdeten Risikogruppen können unter anderem schwangere Frauen, stillende Mütter und Behinderte gehören.

Soweit § 2 Abs. 2 Nr. 6 ArbSchG die Anwendbarkeit des Gesetzes - rein sprachlich - auf Soldatinnen und Soldaten begrenzt, führt dies nicht dazu, dass Zivildienstleistende von den Schutznormen ausgeschlossen bleiben. Wenngleich im Gesetz eine sprachliche Gleichstellung wünschenswert gewesen wäre, erfolgt diese rechtlich über § 78 Abs. 2 des Zivildienstgesetzes.

5.4.2 Begriffsbestimmungen in der Baustellenverordnung

Den Begriff der **Baustelle** definiert § 1 Abs. 3 der **BaustellV.** Demnach ist eine Baustelle im Sinne dieser Verordnung der Ort, an dem ein Bauvorhaben ausgeführt wird. Ein Bauvorhaben ist das Vorhaben, eine oder mehrere bauliche Anlagen zu errichten, zu ändern oder abzubrechen. Hierin eingeschlossen sind auch die zugehörigen **Vorbereitungsarbeiten.** Entsprechend dem Sinn und Zweck der Baustellenverordnung ist unter Änderung die nicht unerhebliche Umgestaltung der baulichen Anlage, insbesondere die Änderung des konstruktiven Gefüges, zu verstehen. Mit dieser Definition wird klargestellt, dass **Arbeiten geringeren Umfangs an** oder in bestehenden baulichen Anlagen, wie z. B. Malerarbeiten oder einfache Reparaturarbeiten, für sich genommen **nicht** der Baustellenverordnung unterfallen.

5.4.3 Begriffsbestimmungen in der Betriebssicherheitsverordnung

Insgesamt **19 einzelne Begriffsbestimmungen,** angefangen mit dem „Arbeitsmittel" bis hin zu „Mühlen-Bremsfahrstühlen" enthält in ebenso vielen Absätzen der § 2 der **Betriebssicherheitsverordnung.** § 2 Abs. 1 Satz 2 BetrSichV präzisiert den Begriff „Anlagen". Gleichzeitig wird der **Arbeitsmittel-Begriff aufgewertet:** Klar gestellt wird, dass unter dem Terminus **Arbeitsmittel** im Sinne der BetrSichV nicht nur Werkzeuge, Geräte und Maschinen, sondern vielmehr auch **sämtliche Anlagen** fallen, „insbesondere" (aber nicht nur) überwachungsbedürftige Anlagen im Sinne von § 2 Abs. 7 GPSG. Damit wird wiederum ähnlich wie beim Gerätesicherheitsgesetz, ein **großer,** aus Sicht des nicht fachkundigen Betrachters etwas wirklichkeitsfremder **Definitionsbogen gespannt.** Arbeitsmittel im Sinne von Art. 2 Satz 2 sind also einfache Handgeräte bis hin zu komplexen verfahrenstechnischen Anlagen. Der Arbeitsmittelbegriff reicht damit vom **Kugelschreiber** bis hin zur **komplexen Fertigungsstraße**.

5.4.4 Begriffsbestimmungen in der Bildschirmarbeitsverordnung

Umfängliche Begriffsbestimmungen sind § 2 der **BildscharbV** zu entnehmen. Nach Absatz 1 ist ein **Bildschirmgerät** im Sinne dieser Verordnung ein Bildschirm zur Darstellung alphanumerischer Zeichen oder zur Grafikdarstellung, ungeachtet des Darstellungsverfahrens (z. B. Kathodenstrahlröhre, Flüssigkristallanzeige oder andere - z. T. noch in der Entwicklung begriffene - Technologien). Sie ist nicht auf Bildschirmgeräte beschränkt, die üblicherweise im Büro Anwendung finden, sondern umfasst u. a. auch Bildschirmgeräte zur Prozesssteuerung und nichtelektronische Darstellungssysteme wie z. B. Microfiche- und Microfilmlesegeräte.

Bildschirmarbeitsplatz im Sinne von § 2 Abs. 2 ist ein Arbeitsplatz mit einem Bildschirmgerät, der ausgestattet sein kann mit

- Einrichtungen zur Erfassung von Daten,
- Software, die den Beschäftigten bei der Ausführung ihrer Arbeitsaufgaben zur Verfügung steht,
- Zusatzgeräten und Elementen, die zum Betreiben oder Benutzen des Bildschirmgeräts gehören, oder
- sonstigen Arbeitsmitteln,

sowie die unmittelbare Arbeitsumgebung.

Der Bildschirmarbeitsplatz besteht somit aus einem Arbeitsplatz mit einem Bildschirmgerät und aus der unmittelbaren Arbeitsumgebung. Die **unmittelbare Arbeitsumgebung** ist der Teil der Arbeitsumgebung, der unmittelbaren Einfluss auf die Arbeit mit dem Bildschirmgerät haben kann. Die Auflistung in den Nummern 1 bis 4 soll klarstellen, dass auch weitere Elemente zum Bildschirmarbeitsplatz gehören können. Mit Einrichtungen zur Erfassung von Daten werden Daten in die Datenverarbeitungsanlage eingegeben oder geändert (z. B. Tastatur, Maus, Lichtstift, Belegleser, Scanner). Zur **Ausstattung des Bildschirmgerätes** gehört in der Regel Software, die das Zusammenwirken zwischen Mensch und Maschine („Mensch-Maschine-Schnittstelle") bestimmt. Es handelt sich insbesondere um Anwenderprogramme und Betriebssysteme. Typischerweise werden bei der Arbeit mit Bildschirmgeräten optionale Zusatzgeräte und Anlagenelemente verwendet wie z. B. Ausgabegeräte (Drucker, Plotter), externe Speichergeräte (Diskettenlaufwerke, Magnetbandgeräte) und Dialoggeräte (Modem).

Sonstige Arbeitsmittel sind solche Arbeitsmittel, die nicht nur speziell bei der Arbeit mit Bildschirmgeräten verwendet werden (z. B. Arbeitstisch, Arbeitsfläche, Arbeitsstuhl, Manuskripthalter, Fußstütze).

Eine **Abweichung vom** ansonsten einschlägigen **Beschäftigtenbegriff** des § 2 Abs. 2 ArbSchG enthält § 6 Abs. 3 der Bildschirmarbeitsverordnung. Demnach sind Beschäftigte im Sinne dieser Verordnung Beschäftigte, die gewöhnlich bei einem **nicht unwesentlichen Teil ihrer normalen Arbeit** ein Bildschirmgerät benutzen. Diese Einschränkung entspricht wörtlich den Vorgaben aus dem EU-Recht. Sie ist ein Kompromiss zwischen der Auffassung, Beschäftigter sei jeder Benutzer eines Bildschirmgeräts unabhängig von Intensität und Dauer der Benutzung, und der Auffassung, dass die Arbeit mit dem Bildschirmgerät bestimmend für die Tätigkeit sein müsse.

5.4.5 Begriffsbestimmungen in der Biostoffverordnung

Die zum Verständnis der **Biostoffverordnung** wesentlichen Begriffsbestimmungen finden sich in den acht Absätzen des § 2. So werden in § 2 Abs. 1 **„biologische Arbeitsstoffe"** beschrieben als **Mikroorganismen** einschließlich gentechnisch veränderter Mikroorganismen, **Zellkulturen** und humanpathogener **Endoparasiten,** die beim Menschen Infektionen, sensibilisierende oder toxische Wirkungen hervorrufen können. Des weiteren werden definiert

1. Arbeitgeber und Beschäftigte (Abs. 8),
2. gezielte Tätigkeiten (Abs. 5),
3. Kontamination (Abs. 6),
4. Mikroorganismus (Abs. 2),
5. Schutzstufe (Abs. 7),
6. Tätigkeiten (Abs. 4) und
7. Zellkulturen (Abs. 3).

Die Definition der Begriffe Mikroorganismus, Tätigkeiten und Zellkulturen stimmen überein mit den Definitionen des § 3 Gentechnikgesetz. Die **Arbeitgeber-Definition** nach Abs. 8 **erweitert** den Arbeitgeber-Begriff nach § 2 Abs. 3 ArbSchG um **Unternehmer ohne Beschäftigte** sowie um die Auftraggeber und Zwischenmeister im Sinne des Heimarbeitsgesetzes. Der Begriff des **Beschäftigten** nach § 2 Abs. 2 ArbSchG wird um die **Schüler** und **Studenten** sowie um die in **Heimarbeit Beschäftigten** erweitert. Die Definitionen sind an § 3 Abs. 4 der alten Gefahrstoffverordnung angelehnt.

5.4.6 Begriffsbestimmungen in der Gefahrstoffverordnung

Die §§ 3 und 4 der GefahrstoffV enthalten eine große Anzahl von Be-griffsbestimmungen, die sich in dieser oder ähnlicher Form auch bereits in der Vorgänger-Regelung fanden. Die weit überwiegende Zahl von Definitionen enthält § 3 GefahrstoffV. § 3 Absatz 1 übernimmt wörtlich die Definition des Begriffs „Gefahrstoffe" aus dem § 19 Abs. 2 Nr. 1 bis 4 des Chemikaliengesetzes, die weitgehend mit der Definition des Begriffs „gefährlicher chemischer Arbeitsstoff" in der einschlägigen EU-Richtlinie übereinstimmt. Eine weitere Konkretisierung enthält die TRGS 001 „Allgemeines, Aufbau, Anwendung und Wirksamwerden der TRGS". **Absatz 2** definiert „krebserzeugend", „erbgutverändernd" und „fruchtbarkeitsgefährdend" gemäß den einschlägigen europäischen Vorschriften im Hinblick auf den Dritten und Vierten Abschnitt der Verordnung. **Absatz 3** definiert den Begriff „Tätigkeit", **Absatz 4** den Begriff „Lagern".

Absatz 5 befasst sich mit dem Begriff „Arbeitgeber". Der Arbeitgeberbegriff wird bereits in § 2 Abs. 3 ArbSchG definiert. Zur Klarstellung ist darauf hinzuweisen, dass der gewerbliche Betreiber im Sinne der Betriebssicherheitsverordnung und der Störfallverordnung dem Arbeitgeber gleichzusetzen ist.

Zum schutzwürdigen Personenkreis der Beschäftigten gehören auch Doktoranden, Forschungsstipendiaten und sonstige Personen, die Tätigkeiten mit Gefahrstoffen an anderen Einrichtungen oder Instituten, die nicht Hochschule sind, durchführen.

Absatz 6 und 7 definieren die Begriffe „Arbeitsplatzgrenzwert" und „biologische Grenzwerte" und orientieren sich dabei weitgehend an den Definitionen aus dem EU-Recht. **Absatz 8** definiert die Begriffe „explosionsfähiges Gemisch", „gefährliches explosionsfähiges

Gemisch" und „explosionsfähige Atmosphäre". **Absatz 9** definiert den Begriff „explosionsfähig". **Absatz 10** definiert den Begriff „Stand der Technik". Die Definition der **Gefährlichkeitsmerkmale** in § 4 der GefahrstoffV setzt europäisches Binnenmarktrecht um.

5.4.7 Begriffsbestimmungen in der Lärm- und Vibrations-Arbeitsschutzverordnung

Die Begriffsbestimmungen zur **Lärm- und Vibrations-Arbeitsschutzverordnung** sind in deren § 2 niedergelegt. Zentrale Begriffe sind dabei gemäß dem Regelungszweck der Verordnung die physikalischen Phänomene „Lärm und Vibration".

Lärm im Sinne dieser Verordnung ist nach § 2 Abs. 1 der Verordnung jeder Schall, der zu einer **Beeinträchtigung des Hörvermögens** oder zu sonstigen mittelbaren oder unmittelbaren Gesundheitsgefahren führen kann. Die Definition entspricht dem Wortlaut aus dem ILO-Übereinkommen Nr. 148.

Vibrationen sind gemäß § 2 Abs. 5 der Verordnung alle mechanischen **Schwingungen,** die durch Gegenstände auf den menschlichen Körper übertragen werden und zu einer mittelbaren oder unmittelbaren Gefährdung von Sicherheit und Gesundheit der Beschäftigten führen können. Dazu gehören insbesondere

- mechanische Schwingungen, die bei Übertragung auf das Hand-Arm-System des Menschen Gefährdungen für die Gesundheit und Sicherheit der Beschäftigten verursachen oder verursachen können **(Hand-Arm-Vibrationen),** insbesondere Knochen- oder Gelenkschäden, Durchblutungsstörungen oder neurologische Erkrankungen, und
- mechanische Schwingungen, die bei Übertragung auf den gesamten Körper Gefährdungen für die Gesundheit und Sicherheit der Beschäftigten verursachen oder verursachen können **(Ganzkörper-Vibrationen),** insbesondere Rückenschmerzen und Schädigungen der Wirbelsäule.

In einer für zahlreiche weitere Gebiete des Arbeitsschutzes relevanten Weise definiert § 2 Abs. 7 der Verordnung den Begriff **„Stand der Technik".** Der Stand der Technik ist demzufolge der Entwicklungsstand fortschrittlicher Verfahren, Einrichtungen oder Betriebsweisen, der die praktische Eignung einer Maßnahme zum Schutz der Gesundheit und zur Sicherheit der Beschäftigten gesichert erscheinen lässt. Bei der Bestimmung des Standes der Technik sind insbesondere **vergleichbare Verfahren, Einrichtungen oder Betriebsweisen** heranzuziehen, die mit Erfolg in der Praxis erprobt worden sind. Gleiches gilt für die Anforderungen an die Arbeitsmedizin und die Arbeitshygiene. Mit § 2 Abs. 7 wird „Stand der Technik" in Analogie zur Gefahrstoffverordnung (§ 2 Abs. 10) und zum Bundes-Immissionsschutzgesetz definiert. Hierdurch wird ein einheitlicher Maßstab bewirkt sowie die Anwendung der im EU-Recht genannten Regelungen ermöglicht.

In den Absätzen 2 bis 4 des § 2 sind die Definitionen der Begriffe „Spitzenschalldruckpegel, Tages-Lärmexpositionspegel" und „Wochen-Lärmexpositionspegel" gemäß europäischem Recht aufgenommen.

In Absatz 2 entfällt die in der Richtlinie verwendete Formulierung „einschließlich impulsförmigen Schalls", da der Tagesexpositionspegel entsprechend ISO 1999 als äquivalenter Dauerschalldruckpegel mit der Zeitbewertung „fast" ermittelt wird. Damit ist der Energieinhalt von Schallimpulsen im Messergebnis enthalten. Impulsspitzen werden über den zu ermittelnden Spitzenschalldruckpegel erfasst.

5.4.8 Begriffsbestimmungen in der Lastenhandhabungsverordnung

Manuelle Handhabung im Sinne von § 1 Abs. 2 der **Lastenhandhabungsverordnung** ist jedes Befördern oder Abstützen einer Last durch menschliche Kraft, unter anderem das Heben, Absetzen, Schieben, Ziehen, Tragen oder Bewegen einer Last. Absatz 2 definiert den **Begriff der manuellen Handhabung** von Lasten entsprechend dem Vorbild aus dem EU-Recht. Im einzelnen kann der Krafteinsatz über Hände, Arme, Beine, Brust, Rücken, Schulter oder kombiniert erfolgen. Im Gegensatz dazu fällt unter diesen Begriff **nicht das Transportieren** von Lasten **mit maschineller Kraft,** z. B. mit Kränen. Eine Last kann ein Gegenstand, ein Tier oder auch ein Mensch sein, die durch einen oder mehrere Beschäftigte manuell gehandhabt wird.

5.4.9 Begriffsbestimmungen in der PSA-Benutzungsverordnung

§ 1 Abs. 2 der **PSA-Benutzungsverordnung** beschreibt die **persönliche Schutzausrüstung** als jede Ausrüstung, die dazu bestimmt ist, von den Beschäftigten benutzt oder getragen zu werden, um sich gegen eine Gefährdung für ihre Sicherheit und Gesundheit zu schützen, sowie jede mit demselben Ziel verwendete und mit der persönlichen Schutzausrüstung verbundene Zusatzausrüstung. Absatz 2 definiert die PSA in Übereinstimmung mit dem europäischen Recht allgemein anhand der auszufüllenden Schutzfunktion und der personengebundenen Nutzung. Um zu verhindern, dass durch die Kombination von Zusatzausrüstungen mit der PSA deren Schutzfunktion beeinträchtigt wird, gelten für derartige Kombinationen die gleichen Anforderungen wie für die PSA selbst.

Als persönliche Schutzausrüstungen im Sinne des Absatzes 2 **gelten nicht**:

- Arbeitskleidung und Uniformen, die nicht speziell der Sicherheit und dem Gesundheitsschutz der Beschäftigten dienen,
- Ausrüstungen für Not- und Rettungsdienste,
- persönliche Schutzausrüstungen für die Bundeswehr, den Zivil- und Katastrophenschutz, die Polizeien des Bundes und der Länder sowie sonstige Einrichtungen, die der öffentlichen Sicherheit oder der öffentlichen Ordnung dienen,
- persönliche Schutzausrüstungen für den Straßenverkehr, soweit sie verkehrsrechtlichen Vorschriften unterliegen,
- Sportausrüstungen,
- Selbstverteidigungs- und Abschreckungsmittel,
- tragbare Geräte zur Feststellung und Signalisierung von Gefahren und Gefahrstoffen.

Dabei handelt es sich um Ausrüstungen, die entweder keine spezifische Schutzfunktion besitzen oder ausschließlich für die Benutzung durch besondere Einrichtungen bestimmt sind, sowie um **Sportausrüstungen** und PSA, die verkehrsrechtlichen Vorschriften unterliegen. Soweit es sich bei diesen besonderen Einrichtungen um solche handelt, die der öffentlichen Sicherheit oder der öffentlichen Ordnung dienen (was durch Landesrecht bestimmt wird), fallen sie nicht in den Anwendungsbereich der Verordnung, auch wenn sie Beschäftigte im Sinne § 2 Abs. 2 des Arbeitsschutzgesetzes haben.

Private Sicherheitsdienste zählen ebenfalls nicht zu solchen besonderen Einrichtungen im Sinne des § 1 Abs. 3 Nr. 3. Auch Selbstverteidigungs- und Abschreckungsmittel sowie tragbare Geräte zur Feststellung und Signalisierung von Gefahren und Schadstoffen gelten im Sinne dieser Verordnung nicht als PSA. Insoweit Beschäftigte an Bord von Seeschiffen in Notfällen auf See Aufgaben staatlicher Not- und Rettungsdienste an Land wahrnehmen, sind die dabei benutzten Ausrüstungen nach § 1 Abs. 3 Nr. 2 vom Anwendungsbereich dieser Verordnung ebenfalls ausgenommen.

5.5 Bereitstellung und Benutzung

Dieses Begriffspaar findet sich neben dem Arbeitsschutzgesetz noch in

- der Betriebssicherheitsverordnung,
- der Bildschirmarbeitsverordnung
- der Biostoff- und in der Gefahrstoffverordnung
- der Lärm- und Vibrationsverordnung sowie
- in der PSA-Benutzungsverordnung,

mithin in all den Bereichen, die das Zur-Verfügung-Stellen von verschiedenartigstem Gerät durch den Arbeitgeber regeln.

5.5.1 Regelungen zur Bereitstellung und Benutzung im Arbeitsschutzgesetz

Nach § 3 Abs. 2 Satz 1 Ziffer 1 **ArbSchG** hat der Arbeitgeber zur Planung und Durchführung der Arbeitsschutzmaßnahmen nach § 3 Absatz 1 unter Berücksichtigung der Art der Tätigkeiten und der Zahl der Beschäftigten für eine geeignete Organisation zu sorgen und die **erforderlichen Mittel bereitzustellen**. Diese Regelung trägt der Tatsache Rechnung, dass in den Betrieben die Pflicht zu Arbeitsschutzmaßnahmen unmittelbar und in erster Linie den Arbeitgeber trifft. Absatz 1 Satz 1 enthält die grundlegende Arbeitgeberpflicht zu einem umfassenden Schutz der Beschäftigten vor einer Gesundheitsgefährdung durch die Arbeit und bei der Arbeit. Die Pflicht zur Bereitstellung der erforderlichen Mittel hat nicht lediglich eine Hilfsfunktion.

Systematisch handelt es sich um eine **Komplementärpflicht zur allgemeinen Organisationspflicht,** denn die tatsächliche Durchführung der Maßnahmen nach Abs. 1 setzt sowohl organisatorische Vorkehrungen als auch die Bereitstellung der zur Realisierung der Pflichten notwendigen Mittel voraus. Im Gesetzestext wird dieser komplementäre Zusammenhang durch Verknüpfung beider Pflichten mittels des Wortes „und" zum Ausdruck gebracht.

5.5.2 Regelungen zur Bereitstellung und Benutzung in der Betriebssicherheitsverordnung

Nach § 4 Abs. 1 der **Betriebssicherheitsverordnung** hat der Arbeitgeber die nach den allgemeinen Grundsätzen des § 4 des Arbeitsschutzgesetzes erforderlichen Maßnahmen zu treffen, damit den Beschäftigten nur Arbeitsmittel **bereitgestellt** werden, die für die am Arbeitsplatz gegebenen Bedingungen geeignet sind und bei deren **bestimmungsgemäßer Benutzung** Sicherheit und Gesundheitsschutz gewährleistet sind. Ist es nicht möglich, demgemäß Sicherheit und Gesundheitsschutz der Beschäftigten in vollem Umfang zu gewährleisten, hat der Arbeitgeber geeignete Maßnahmen zu treffen, um eine Gefährdung so gering wie möglich zu halten. Die Sätze 1 und 2 gelten entsprechend für die Montage von Arbeitsmitteln, deren Sicherheit vom Zusammenbau abhängt.

Bei den entsprechenden Maßnahmen sind die vom Ausschuss für Betriebssicherheit ermittelten und vom Bundesministerium für Arbeit und Soziales im Gemeinsamen Ministerialblatt veröffentlichten Regeln und Erkenntnisse zu berücksichtigen. Die Maßnahmen müssen dem Ergebnis der Gefährdungsbeurteilung nach § 3 und dem Stand der Technik entsprechen. Des weiteren hat der Arbeitgeber sicherzustellen, dass Arbeitsmittel nur benutzt werden, wenn sie gemäß den Bestimmungen dieser Verordnung für die vorgesehene Verwendung geeignet sind. Bei der Festlegung der einschlägigen Maßnahmen sind für die Bereitstellung und Benutzung von Arbeitsmitteln auch die ergonomischen Zusammenhänge zwischen Arbeitsplatz, Arbeitsmittel, Arbeitsorganisation, Arbeitsablauf und Arbeitsaufgabe zu berücksichtigen; dies gilt insbesondere für die Körperhaltung, die Beschäftigte bei der Benutzung der Arbeitsmittel einnehmen müssen.

Durch § 4 Abs. 1 Satz 3 BetrSichV wird bestimmt, dass zu den **Verpflichtungen des Arbeitsgebers** auch die Durchführung der erforderlichen Maßnahmen zählen, die hinsichtlich der Montage von Arbeitsmitteln zu treffen sind, soweit die Sicherheit des Arbeitsmittels von seinem Zusammenbau berührt ist. Der Arbeitgeber wird verpflichtet, nur diejenigen Maßnahmen bei der Bereitstellung und Benutzung der Arbeitsmittel zu treffen, die auch dem Ergebnis seiner **Gefährdungsbeurteilung** entsprechen.

Aus dem Rechtsbereich der überwachungsbedürftigen Anlagen wurde die bewährte „Vermutungswirkung" Technischer Regeln auch für die gemeinsamen Vorschriften für Arbeitsmittel übernommen. Die **Technischen Regeln** nach der Betriebssicherheitsverordnung konkretisieren nicht nur die Verordnung selbst, sondern erleichtern ihre Einhaltung und Kontrolle. Diese Regelung erfüllt sowohl das Postulat der Anwenderfreundlichkeit als auch des einheitlichen Arbeitsschutzvollzuges.

Ferner darf der Arbeitgeber den Beschäftigten nur solche Arbeitsmittel zur Benutzung **zugänglich machen**, die für die vorgesehene Verwendung auch **geeignet** sind. Damit wird der Arbeitgeber nicht nur verpflichtet, sichere Arbeitsmittel bereitzustellen, sondern nur solche Arbeitsmittel auszuwählen, die auch bei der vorgesehenen Benutzung sicher sind.

Aufgrund der entsprechenden EU-Richtlinie wird der Arbeitgeber verpflichtet, bei der Vorschriftenerfüllung auch den jeweiligen konkreten Arbeitsplatz und die Körperhaltung, die die Arbeitnehmer bei der **Benutzung der Arbeitsmittel** einnehmen müssen sowie die ergonomischen Grundsätze zu berücksichtigen. Auch diese Vorschrift verdeutlicht den Willen des europäischen und nationalen Gesetzgebers, einen ganzheitlichen Arbeitsschutzansatz in der Praxis zu verwirklichen.

5.5.3 Regelungen zur Bereitstellung und Benutzung in der Bildschirmarbeitsverordnung

Ein Ergebnis der Untersuchungen nach § 6 Absatz 1 der **BildscharbV** kann sein, dass die Beschäftigten eine **spezielle Sehhilfe** (z. B. Spezialbrille) für ihre Arbeit an Bildschirmgeräten benötigen. In Absatz 2 wird daher bestimmt, dass dann den Beschäftigten im erforderlichen Umfang solche **Sehhilfen** vom Arbeitgeber **zur Verfügung zu stellen** sind. Die für die Beschäftigten anzufertigende Sehhilfe muss individuell bestimmt, angefertigt und angepasst werden. **Entscheidendes Kriterium** für die Auslösung der Bereitstellungsverpflichtung ist der Unterschied zwischen einer **normalen** und einer **speziellen** Sehhilfe.

Normale Sehhilfen sind Alltagsbrillen, die zur Korrektur einer Fehlsichtigkeit notwendig sind und auf die Benutzung im Alltag angepasst werden. **Spezielle** Sehhilfen sind dagegen Sehhilfen, die auf die besonderen Bedingungen und die spezifischen Sehanforderungen am Bildschirmarbeitsplatz angepasst sind. Eine spezielle Sehhilfe kann nur verschrieben werden, wenn ein Ausgleich der Sehschwäche am spezifischen Bildschirmarbeitsplatz mit einer normalen Sehhilfe nicht möglich ist.

5.5.4 Regelungen zur Bereitstellung und Benutzung in der Biostoffverordnung

Einen engen Bezug zur PSA-Benutzungsverordnung stellt § 11 Abs. 1 der **BioStoffV** her. So müssen auf der Grundlage der Gefährdungsbeurteilung **die erforderlichen Hygienemaßnahmen zur Desinfektion und Dekontaminition** getroffen und persönliche Schutzausrüstungen einschließlich geeigneter Schutzkleidung vom Arbeitgeber **zur Verfügung gestellt** werden. Falls diese Ausrüstungen schadhaft sind, müssen sie **ausgebessert** oder **ausgetauscht,** erforderlichenfalls sogar **vernichtet** werden.

Im Einzelfall kann aufgrund der Ergebnisse der Gefährdungsbeurteilung zusätzlich zu den technischen und baulichen Maßnahmen der Einsatz persönlicher Schutzausrüstungen notwendig werden. Folgende **persönliche Schutzausrüstung** kommt in Betracht

1. Hautschutz,
2. Handschutz,
3. Augenschutz/Gesichtsschutz,
4. Partikelschutzfilter.

Einzelheiten hierzu sind kodifizierte in den **berufsgenossenschaftlichen Regeln für Sicherheit und Gesundheit bei der Arbeit (BG-Regeln)** und zwar unter den Nummern BGR 189 bis BGR 201 zu den Themen

- Einsatz von Schutzkleidung
- Benutzung von Atemschutzgeräten
- Benutzung von Fuß- und Beinschutz
- Benutzung von Augen- und Gesichtsschutz
- Benutzung von Kopfschutz
- Einsatz von Gehörschützern
- Einsatz von Schutzhandschuhen
- Einsatz von Stechschutzbekleidung
- Benutzung von Hautschutz
- Einsatz von persönlichen Schutzausrüstungen gegen Absturz
- Benutzung von persönlichen Schutzausrüstungen zum Retten aus Höhen und Tiefen
- Benutzung von Stechschutzhandschuhen und Armschützern und
- Einsatz von persönlichen Schutzausrüstungen gegen Ertrinken.

Mit diesen Vorgaben hat der Verordnungsgeber die wesentlichen Aussagen zu Hygienemaßnahmen und Schutzausrüstungen des Art. 8 der einschlägigen EU-Richtlinie übernommen. Im Übrigen ist zu verweisen auf § 9 Abs. 3 und 4 GefStoffVO, § 13 und 15 der berufsgenossenschaftlichen Vorschrift BGV C 4 „Biotechnologie" sowie die §§ 9 Abs. 4, 10 und 11 GenTSV und die Anhänge III-V GenTSV.

5.5.5 Regelungen zur Bereitstellung und Benutzung in der Gefahrstoffverordnung

Der bereits in anderem Zusammenhang genannte § 8 Abs. 2 **GefahrstoffV** enthält für den Arbeitgeber auch eine **Bereitstellungsverpflichtung.**

Nach § 8 Abs. 2 Nr. 2 ist arbeitgeberseitig die Gefährdung der Gesundheit und der Sicherheit der Beschäftigten bei Tätigkeiten mit Gefahrstoffen durch die Bereitstellung geeigneter Arbeitsmittel für Tätigkeiten mit Gefahrstoffen und entsprechende Wartungsverfahren zur Gewährleistung der Gesundheit und Sicherheit der Beschäftigten bei der Arbeit, sowie weitere Maßnahmen zu beseitigen oder auf ein Minimum zu reduzieren.

Eine weitere Bereitstellungsvorschrift ist § 9 Abs. 3 der GefahrstoffV, der in unmittelbarem Zusammenhang mit § 2 der PSA-Benutzungsverordnung steht. **Absatz 3** bestimmt, dass Beschäftigte **bereitgestellte** persönliche Schutzausrüstungen **benutzen** müssen, solange eine Gefährdung besteht. Weiterhin schränkt Abs. 3 den Einsatz von belastender persönlicher Schutzausrüstung ein. Dieser darf keine ständige Maßnahme sein, da damit zusätzlich Gesundheitsgefährdungen für die Beschäftigten verbunden sein können. Diese Forderung ist berechtigt, da entsprechend den Vorgaben aus der europäischen Richtlinie bei Tätigkeiten nach einem Unfall, Zwischenfall oder Notfall das Tragen von persönlicher Schutzausrüstung keine ständige Maßnahme sein darf. Eine Verallgemeinerung ist erforderlich.

Eine **getrennte Aufbewahrung** von Arbeits- und Straßenkleidung ist immer dann erforderlich, wenn beim Umgang mit Gefahrstoffen eine Verschmutzung der Arbeitskleidung auftreten kann und in der Folge mit einer Gefährdung der Beschäftigten zu rechnen ist. Daraus ergibt sich logisch zwingend, dass der Arbeitgeber nicht nur die Arbeits- und Schutzbekleidung **bereitstellen** muss, sondern auch die für deren **Aufbewahrung** notwendigen Schränke und Spinde.

Eine weitere **Bereitstellungsvorschrift** enthält § 11 Abs. 3 Satz 2 der Gefahrstoff V. Demnach hat in den Fällen des Satzes 1 der Arbeitgeber den betreffenden Beschäftigten **Schutzkleidung und Atemschutzgeräte** zur Verfügung zu stellen, die sie während der gesamten Dauer der erhöhten Exposition tragen müssen. Dies darf nur von begrenzter Dauer sein und ist für jeden Beschäftigten auf das unbedingt erforderliche Mindestmaß zu beschränken.

Die vierte **Bereitstellungsnorm** im Rahmen der GefahrstoffV ist § 13 Abs. 3. Mit ähnlichem Wortlaut wie § 11 Abs. 3 regelt § 13 Abs. 3 der Verordnung, dass die Beschäftigten, die in dem betroffenen Bereich arbeiten, vom Arbeitgeber rechtzeitig mit geeigneter Schutzkleidung, persönlicher Schutzausrüstung, speziellen Sicherheitseinrichtungen und besonderen Arbeitsmitteln auszustatten sind, die sie so lange **benutzen** müssen, wie die Situation fortbesteht. Die Anwendung belastender persönlicher Schutzausrüstung muss für den einzelnen Beschäftigten zeitlich begrenzt sein. Ungeschützte Personen dürfen nicht in dem betroffenen Bereich verbleiben.

5.5.6 Regelungen zur Bereitstellung und Benutzung Lärm- und Vibrations-Arbeitsschutzverordnung

Auch in der **Lärm- und Vibrations-Arbeitsschutzverordnung** spielt das Thema „Bereitstellung und Benutzung" eine Rolle. Die Normen hierfür sind in der Verordnung sehr verstreut angeordnet. So hat, nach § 8 Abs. 1 der Verordnung, der Arbeitgeber für den Fall, dass die unteren Auslösewerte nach § 6 Satz 1 Nr. 2 trotz der Durchführung der Maßnahmen nach § 7 Abs. 1 nicht eingehalten werden, den Beschäftigten einen geeigneten persönlichen Gehörschutz zur Verfügung zu stellen, der den Anforderungen nach § 8 Abs. 2 genügt.

Weitere „Bereitstellungs"-Verpflichtungen ergeben sich aus § 10 im Rahmen der notwendigen Maßnahmen zur Vermeidung und Verringerung der Exposition durch Vibrationen. § 10 Abs. 1 der Verordnung verpflichtet den Arbeitgeber die in § 3 Abs. 1 Satz 6 festgelegten Schutzmaßnahmen nach dem Stand der Technik durchzuführen, um die Gefährdung der Beschäftigten auszuschließen oder soweit wie möglich zu verringern. Dabei müssen Vibrationen am Entstehungsort verhindert oder so weit wie möglich verringert werden. Um dies zu gewährleisten, obliegt dem Arbeitgeber nach § 10 Abs. 2 Ziffern 3 und 9

- die **Bereitstellung** von Zusatzausrüstungen, welche die Gesundheitsgefährdung auf Grund von Vibrationen verringern, beispielsweise Sitze, die Ganzkörper-Vibrationen wirkungsvoll dämpfen sowie

- die **Bereitstellung** von Kleidung für gefährdete Beschäftigte zum Schutz vor Kälte und Nässe.

5.5.7 Regelungen zur Bereitstellung und Benutzung in der PSA-Benutzungsverordnung

Wie eng bisweilen die Normen des sozialen Arbeitsschutzes verknüpft sind mit technischen Standards, verdeutlicht die „Bereitstellungs"vorschrift des § 2 **PSA-Benutzungsverordnung.** Ihr zufolge darf unbeschadet seiner Pflichten nach den §§ 3, 4 und 5 des Arbeitsschutzgesetzes der Arbeitgeber nur persönliche Schutzausrüstungen auswählen und den Beschäftigten **bereitstellen**, die

- den Anforderungen der Verordnung über das Inverkehrbringen von persönlichen Schutzausrüstungen entsprechen,
- Schutz gegenüber der zu verhütenden Gefährdung bieten, ohne selbst eine größere Gefährdung mit sich zu bringen,
- für die am Arbeitsplatz gegebenen Bedingungen geeignet sind und
- den ergonomischen Anforderungen und den gesundheitlichen Erfordernissen der Beschäftigten entsprechen.

5.6 Beschäftigungsverbote und -beschränkungen

Einschränkungen der Erwerbstätigkeit dienen ausnahmslos den besonders gefährdeten Beschäftigtengruppen. Entsprechende Regelungen finden sich zum einen in § 5 Jugendarbeitsschutzgesetz sowie den §§ 3, 4, 6 und 8 Mutterschutzgesetz und dem § 3 Abs. 3 sowie den §§ 4 und 5 der Mutterschutzrichtlinienverordnung.

5.6.1 Beschäftigungsverbote und -beschränkungen in der Gefahrstoffverordnung

Nach § 18 Abs. 2 der GefahrstoffV darf der Arbeitgeber in Heimarbeit Beschäftigte nur Tätigkeiten mit geringer Gefährdung im Sinne des § 7 Abs. 9 durchführen lassen.

5.6.2 Beschäftigungsverbote und -beschränkungen in der Lärm- und Vibrations-Arbeitsschutzverordnung

Auch im Zusammenhang mit **lärm- und vibrationsgefährdeten Arbeitsplätzen** sind Restriktionen bei der Beschäftigung denkbar und möglich. Nach § 14 Abs. 5 der einschlägigen Verordnung hat der Arbeitgeber, wenn ihm bekannt ist, dass bei einem Beschäftigten auf Grund der Arbeitsplatzbedingungen gesundheitliche Bedenken gegen die weitere Ausübung der Tätigkeit bestehen, unverzüglich zusätzliche Schutzmaßnahmen zu treffen. Hierzu zählt auch die Möglichkeit, dem Beschäftigten eine **andere Tätigkeit zuzuweisen**, bei der keine Gefährdung durch eine weitere Exposition durch Lärm oder Vibrationen besteht.

5.6.3 Beschäftigungsverbote und -beschränkungen im Mutterschutzrecht

In § 4 Abs. 1 **MuSchRiV** ist sinngemäß die Regelung des Art. 6 der EG-Mutterschutzrichtlinie übernommen worden. Er begründet unter den dort genannten Voraussetzungen für einen Katalog von Arbeiten **vollständige Beschäftigungsverbote**. Danach dürfen werdende oder stillende Mütter nicht mit Arbeiten beschäftigt werden, bei denen die Beurteilung ergeben hat, dass die Sicherheit oder Gesundheit von Mutter und Kind durch die

- chemischen Gefahrstoffe,
- biologischen Arbeitsstoffe,
- physikalischen Schadstoffe oder
- die Arbeitsbedingungen nach Anhang 2 der MuSchRiV gefährdet ist.

Die betroffenen Arbeitnehmerinnen und das ungeborene Kind müssen bereits vor der Möglichkeit eines Schadens umfassend **geschützt** werden. Das **Beschäftigungsverbot** gilt demnach, wenn aufgrund des Beurteilungsergebnisses von der Gefährdung der Sicherheit oder Gesundheit der Frau oder des Kindes auszugehen ist.

§ 5 Abs. 1 MuSchRiV enthält eine **Aufzählung der besonderen Beschäftigungsbeschränkungen.** Abs. 2 regelt, dass für die Beschäftigungsbeschränkungen die Vorschriften der GefahrstoffV Anwendung finden. Dies bedeutet, dass die maßgeblichen Bestimmungen der GefahrstoffV - vor allem wegen des Begriffs der Gefahrstoffe und der übrigen Begriffsbestimmung, der Gefährlichkeitsmerkmale sowie der Einstufung von Stoffen und deren Zubereitung - auch hier entsprechend gelten.

In den Vorschriften der §§ 3 ff. Abs. 3, 4 und 5 Abs. 1 Nr. 1-6 MuSchRiV sind die **Beschäftigungsverbote** geregelt. Nicht geregelt ist, ob der Arbeitgeber während des Beschäftigungsverbotes zur Entgeltfortzahlung verpflichtet ist.

5.7 Beurteilung der Arbeitsbedingungen

Die Beurteilung der Arbeitsbedingungen ist eine **Kernvoraussetzung** für wirksame Maßnahmen des Arbeits- und Gesundheitsschutzes. Sie war bis zum Inkrafttreten des ArbSchG im deutschen Arbeitsschutzrecht grundsätzlich nicht gesetzlich verankert. Gleichwohl dürfte diese Pflicht in der Praxis keine gravierende Neuerung bedeuten. Schon in der Vergangenheit wird es kaum möglich gewesen sein, die erforderlichen Arbeitsschutzmaßnahmen zu treffen, ohne sich über die am Arbeitsplatz bestehenden Bedingungen im Klaren zu sein.

5.7.1 Beurteilung der Arbeitsbedingungen nach dem Arbeitsschutzgesetz

Die Generalklausel für die Beurteilung der Arbeitsbedingungen stellt § **5 Abs. 1 und 2 ArbSchG** dar. Danach hat der Arbeitgeber durch eine Beurteilung der für die Beschäftigten mit ihrer Arbeit verbundenen Gefährdung zu ermitteln, welche Maßnahmen des Arbeitsschutzes erforderlich sind. Er hat die Beurteilung je nach Art der Tätigkeiten vorzunehmen. Bei gleichartigen Arbeitsbedingungen ist die Beurteilung eines Arbeitsplatzes oder einer Tätigkeit ausreichend.

Ungeachtet der insofern irreführenden Paragraphenüberschrift, die die **„Beurteilung der Arbeitsbedingungen"** in den Vordergrund rückt, beinhaltet § 5 Abs. 1 ArbSchG dem Grunde nach eine **„Ermittlungspflicht".** So ist bei genauer Lektüre und Anwendung der Vorschrift („durch eine Beurteilung") die Beurteilung nur das notwendige Zwischenstadium auf dem Weg zur Ermittlung der erforderlichen Arbeitsschutzmaßnahmen. Der Beurteilung noch voranzustellen gewesen wäre die Ermittlung der Gefährdungen. Hiervon haben der europäische wie auch der nationale Gesetzgeber aber offenkundig abgesehen, zumal eine Beurteilung von Sachverhalten ohne deren zunächst „unbenotete" Ermittlung schlechterdings nicht möglich ist.

Die Vorschrift setzt eine entsprechende Norm der europäischen Rahmenrichtlinie um. Welche Schutzmaßnahmen erforderlich sind, lässt sich erst auf Grund einer Beurteilung der Arbeitsbedingungen erkennen. Dazu gehört, dass eine **Gefährdung** als solche erkannt und hinsichtlich ihrer **Schwere** (Art und Umfang des möglichen Schadens) bewertet wird. Absatz 2 Satz 1 stellt klar, dass die Anforderungen an die Beurteilung von der Art der Tätigkeiten abhängen.

Absatz 2 Satz 2 lässt zu, dass der Arbeitgeber bei gleichartigen Arbeitsbedingungen eine Beurteilung nur einmal vornehmen muss, weil in diesem Fall die Vermutung eines vergleichbaren Ergebnisses der Gefährdungsbeurteilung berechtigt ist. Auch die Heranziehung von **Standardbeurteilungen** für typische Arbeitsbereiche wird damit **ermöglicht.** Die Arbeitsschutzinstitutionen verfügen über **Beurteilungshilfen,** die insbesondere **kleinen und mittleren Betrieben** die Handhabung erleichtern können.

Für die Erstellung der Gefährdungsbeurteilung haben sich in der betrieblichen Praxis standardisierte Erfassungsbögen bewährt. Als Muster hierfür mag das folgende Schema dienen:

Gefährdungsbeurteilung nach §§ 5 und 6 ArbSchG

Gefährdungsbeurteilung nach §§ 5 und 6 Arbeitschutzgesetz

Erstellt durch:............................ Datum: .... Firmenstempel:

Betriebsbereich: ....

Tätigkeit Arbeits-platz Arbeits-bereich	Gefähr-dungser-mittlung	Gefähr-dungsbeur-teilung - Ergeb-nis*) -	Beurtei-lungskri terie-ren**)	Maß-nah-men	Wer verantwort-lich: Abhilfe bis wann:	Erfolgskontrolle durch: Am: Ergebnis:

*) Gefahr gegeben ja/nein, gegebenenfalls Erläuterung.

**) Sind ausnahmsweise keine Beurteilungskriterien vorhanden (z.B. Verordnungen, Richtlinien, Normen, Unfallverhütungsvorschriften, Belastungsbewertungskataloge), ist eine eigene Risikoanalyse mit Festlegung des Grenzrisikos erforderlich.

5.7.2 Beurteilung der Arbeitsbedingungen nach der Betriebssicherheitsverordnung

Nach § 3 Abs. 1 der **Betriebssicherheitsverordnung** hat der Arbeitgeber bei der Gefährdungsbeurteilung nach § 5 des Arbeitsschutzgesetzes unter Berücksichtigung der Anhänge 1 bis 5, des § 16 der Gefahrstoffverordnung und der allgemeinen Grundsätze des § 4 des Arbeitsschutzgesetzes die notwendigen Maßnahmen für die sichere Bereitstellung und Benutzung der Arbeitsmittel zu ermitteln. Dabei hat er insbesondere die Gefährdungen zu berücksichtigen, die mit der **Benutzung des Arbeitsmittels** selbst verbunden sind und die am Arbeitsplatz durch Wechselwirkungen der Arbeitsmittel untereinander oder mit Arbeitsstoffen oder der Arbeitsumgebung hervorgerufen werden.

Die Vorschrift des § 3 Betriebssicherheitsverordnung konkretisiert **die Verpflichtung** des Arbeitgebers gemäß § 5 ArbSchG, eine **Gefährdungsbeurteilung durchzuführen.** Sie bestimmt als Beurteilungsmaßstab den „Stand der Technik". Mit der Inbezugnahme der Anhänge der Betriebssicherheitsverordnung werden jeweils parallele Regelungen des EU-Rechts umgesetzt. Dabei wird deutlich, dass bei der Ermittlung der Maßnahmen für die sichere Bereitstellung und Benutzung von Arbeitsmitteln nicht nur die Gefährdungen zu berücksichtigen sind, die mit der Benutzung des Arbeitsmittels selbst verbunden sind, sondern auch diejenigen **Wechselwirkungen,** die sich zwischen verschiedenen Arbeitsmitteln ergeben können oder durch Arbeitsstoffe oder aus der Arbeitsumgebung hervorgerufen werden können. Der Arbeitgeber wird deutlich verpflichtet, eine **ganzheitliche Ermittlung und Bewertung** der Gefährdungsfaktoren durchzuführen. Weder nationales noch europäisches Recht erlauben eine sektorielle oder Komponentenbetrachtung.

5.7.3 Beurteilung der Arbeitsbedingungen nach der Bildschirmarbeitsverordnung

Eine weitere Bezugnahme auf die Generalklausel des Arbeitsschutzgesetzes enthält § 3 der **BildscharbV** Der Vorschrift zufolge hat der Arbeitgeber bei der Beurteilung der Arbeitsbedingungen ebenfalls nach § 5 des Arbeitsschutzgesetzes bei Bildschirmarbeitsplätzen die Sicherheits- und Gesundheitsbedingungen insbesondere hinsichtlich einer möglichen Gefährdung des Sehvermögens sowie körperlicher Probleme und psychischer Belastungen zu ermitteln und zu beurteilen. Die Regelung nimmt ausdrücklich Bezug auf § 5 ArbSchG, weil die in der Bildschirmrichtlinie vorgeschriebene Arbeitsplatzanalyse im Gesamtrahmen der vom Arbeitsschutzgesetz geforderten Beurteilung der Arbeitsbedingungen zu sehen ist.

Bei der Beurteilung der Arbeitsbedingungen hat der Arbeitgeber insbesondere auf eine mögliche **Gefährdung des Sehvermögens, körperliche Probleme und psychische Belastungen** zu achten, weil physische und psycho-mentale Faktoren, die sich auf die Gesundheit der Beschäftigten auswirken, in unmittelbarem Zusammenhang mit der Sicherheit und der Gesundheit bei der Bildschirmarbeit stehen. Insoweit ist auch die menschengerechte Gestaltung der Bildschirmarbeit Bestandteil des Gesundheitsbegriffs.

Die Beurteilung der Arbeitsbedingungen kann in der Regel vom Betrieb selbst vorgenommen werden; der Arbeitgeber kann sich dabei der vorhandenen betrieblichen Arbeitsschutzexperten (Betriebsärzte und Sicherheitsfachkräfte) bedienen. Die Verordnung schreibt **kein bestimmtes Instrumentarium** für die Durchführung vor. In der Regel wird ein Soll-Ist-Vergleich des Arbeitsplatzes mit dem Vorschriften- und Regelwerk erfolgen.

5.7.4 Beurteilung der Arbeitsbedingungen nach der Biostoffverordnung

Einen breiten Raum nimmt die Beurteilung der Arbeitsbedingungen insbesondere unter dem Aspekt der damit einhergehenden Gefährdungen in der **Biostoffverordnung** ein. Die §§ 5-8 enthalten Regelungen für die **Beurteilung von gezielten und nicht gezielten Tätigkeiten** sowie die dafür notwendigen Informationen. Letztere sollen die notwendige Zuordnung zu gezielten oder nicht gezielten Tätigkeiten erst ermöglichen (§ 5 Abs. 2). § 8 verlangt, dass die Gefährdungsbeurteilung bei **Veränderungen der Arbeitsbedingungen** zu aktualisieren ist.

Die Formulierung zur fachkundigen Beratung des Arbeitgebers bei der Gefährdungsbeurteilung übernimmt die Vorgaben aus dem Arbeitssicherheitsgesetz, die Modelle zur Kleinbetriebsbetreuung aus den Unfallverhütungsvorschriften und konkretisiert diese für den Bereich der biologischen Arbeitsstoffe. Die sachgerechte und vollständige Ermittlung der Gefährdungen durch biologische Arbeitsstoffe liegt in der **Verantwortung des Arbeitgebers.** Dabei muss er die Mitarbeitervertretungen (z. B. Betriebs- und Personalrat) oder den Arzt nach § 15 Abs. 5 BioStoffV sowie die Fachkraft für Arbeitssicherheit beteiligen. Der Arbeitgeber kann sich darüber hinaus anderweitig betriebsintern oder zusätzlich extern beraten lassen (z. B. durch staatliche Arbeitsschutzbehörden, die Unfallversicherungsträger, Handwerkskammern, Innungen, sonstige Verbände).

5.7.5 Beurteilung der Arbeitsbedingungen nach der Gefahrstoffverordnung

Eine Anlehnung an § 5 Abs. 1 ArbSchG vollzieht § 7 Abs. 1 **GefahrstoffV.** So hat bei der **Beurteilung der Arbeitsbedingungen** nach § 5 ArbSchG der Arbeitgeber zunächst festzustellen, ob die Beschäftigten Tätigkeiten mit Gefahrstoffen durchführen oder ob Gefahrstoffe bei diesen Tätigkeiten entstehen oder freigesetzt werden. Ist dies der Fall, so hat er alle hiervon ausgehenden Gefährdungen für die Gesundheit und Sicherheit der Beschäftigten unter den nachstehend aufgelisteten Gesichtspunkten zu beurteilen.

Ebenfalls in den Gesamtkontext der Beurteilungspflichten gehört § 9 Abs. 4 der **GefahrstoffV**. Danach hat der Arbeitgeber zu ermitteln, ob die Arbeitsplatzgrenzwerte eingehalten sind. Dies kann durch Arbeitsplatzmessungen oder durch andere gleichwertige Beurteilungsverfahren erfolgen. Werden Tätigkeiten entsprechend eines vom Ausschuss für Gefahrstoffe (AGS) ermittelten und vom Bundesministerium für Arbeit und Soziales veröffentlichten verfahrens- und stoffspezifischen Kriteriums durchgeführt, kann der Arbeitgeber von einer Einhaltung der Arbeitsplatzgrenzwerte ausgehen.

§ 9 Abs. 4 **GefahrstoffV** eröffnet die Möglichkeit, die **Einhaltung der Arbeitsplatzgrenzwerte** außer durch Arbeitsplatzmessungen auch durch gleichwertige Beurteilungsverfahren zu ermitteln. Voraussetzungen für die Anwendung des Beurteilungsverfahrens ist es jedoch, dass damit die Einhaltung der Arbeitsplatzgrenzwerte beurteilt werden kann und die Qualität des Ergebnisses gewährleistet wird.

Eine hervorgehobene Stellung wird auch den vom Ausschuss für Gefahrstoffe (AGS) für bestimmte Tätigkeiten und Verfahren ausgearbeiteten verfahrens- und stoffspezifischen Kriterien (VSK) eingeräumt, die als technische Regeln vom Bundesministerium für Arbeit und Soziales veröffentlicht werden. Verfährt der Arbeitgeber entsprechend diesen VSK, kann er von einer Einhaltung der Arbeitsplatzgrenzwerte ausgehen.

5.7.6 Beurteilung der Arbeitsbedingungen nach der Lärm- und Vibrations-Arbeitsschutzverordnung

Umfangreiche und vielfältige Beurteilungsnormen enthält auch die **Lärm- und Vibrations-Arbeitsschutzverordnung.** Diese finden sich vorrangig in den §§ 3-5 der Verordnung. Der **Schwerpunkt der Beurteilungsregelungen** liegt bei § 3 der Verordnung. § 3 legt fest, was bei der Gefährdungsbeurteilung nach § 5 des Arbeitsschutzgesetzes speziell für die Beurteilung der Gefährdung der Beschäftigten durch Exposition gegenüber Lärm und Vibrationen zu beachten ist.

Im Rahmen der Gefährdungsbeurteilung nach § 5 des Arbeitsschutzgesetzes hat der Arbeitgeber gemäß **§ 3 Abs. 1 der LärmVibrationsArbSchV** vor Aufnahme einer Tätigkeit festzustellen, ob Beschäftigte Lärm und Vibrationen ausgesetzt sind oder ausgesetzt sein können. Dazu hat er die auftretenden Expositionen am Arbeitsplatz zu ermitteln und zu bewerten. Der Arbeitgeber kann sich die notwendigen Informationen beim **Hersteller oder Inverkehrbringer von Arbeitsmitteln** oder bei anderen ohne weiteres zugänglichen Quellen beschaffen. Lässt sich die Einhaltung der Auslöse- und Expositionsgrenzwerte nicht sicher ermitteln, hat er den Umfang der Exposition durch Messungen nach § 4 festzustellen. Entsprechend dem Ergebnis der Gefährdungsbeurteilung hat der Arbeitgeber **Schutzmaßnahmen nach dem Stand der Technik** festzulegen.

§ 3 Abs. 2 benennt einzelne Aspekte, die der Arbeitgeber bei der Gefährdungsbeurteilung zu berücksichtigen hat. So schreibt § 3 Abs. 2 in insgesamt **acht Einzelpunkten für Lärm und in sieben Einzelpunkten für Vibrationen** präzise vor, was in der jeweiligen Gefährdungsbeurteilung enthalten sein muss. Da es sich bei Lärm und Vibrationen um physikalische Vorgänge handelt, die sich präzise erfassen lassen, kommt den Messungen und der Erzielung verlässlicher Ergebnisse besondere Bedeutung zu.

Was im Zusammenhang mit den in § 3 Abs. 1 Satz 4 der LärmVibrationsArbSchV zu beachten ist, regelt § 4 Abs. 1 der Verordnung. Der Arbeitgeber hat sicher zu stellen, dass Messungen nach dem Stand der Technik durchgeführt werden. Dazu müssen die in § 4 Abs. 1 Satz 2 der Verordnung genannten Faktoren unbedingt beachtet werden. Die durchzuführenden Messungen können auch eine **Stichprobenerhebung** umfassen, die für die persönliche Exposition eines Beschäftigten repräsentativ ist.

Nach § 5 Satz 1 der Verordnung hat der Arbeitgeber sicher zu stellen, dass die **Gefährdungsbeurteilung** nur von **fachkundigen Personen** durchgeführt wird. Verfügt der Arbeitgeber nicht selbst über die entsprechenden Kenntnisse, hat er sich fachkundig beraten zu lassen. Fachkundige Personen sind insbesondere **der Betriebsarzt** und die **Fachkraft für Arbeitssicherheit.** Der Arbeitgeber darf mit der Durchführung von Messungen nur Personen beauftragen, die über die dafür **notwendige Fachkunde** und die **erforderlichen Einrichtungen** verfügen, § 5 Satz 4.

Der Grund, weshalb - im Vergleich zu anderen Gegenständen der Gefährdungsbeurteilung - speziell bei Lärm und Vibrationen ein so hoher qualifikatorischer Anspruch gestellt wird, ergibt sich aus § 3 Abs. 3 der LärmVibrationsArbSchV. Danach sind die mit der Exposition durch **Lärm** oder **Vibrationen** verbundenen Gefährdungen **unabhängig voneinander zu beurteilen** und in der Gefährdungsbeurteilung zusammen zu führen. Mögliche Wechsel- oder Kombinationswirkungen sind bei der Gefährdungsbeurteilung zu berücksichtigen. Dies gilt insbesondere bei **Tätigkeiten mit gleichzeitiger Belastung** durch Lärm, arbeitsbedingten ototoxischen Substanzen oder Vibrationen, soweit, dies technisch durchführbar ist. Zu berücksichtigen sind auch mittelbare Auswirkungen auf die Gesundheit und Sicherheit der Beschäftigten, zum Beispiel durch **Wechselwirkungen** zwischen Lärm und Warnsignalen oder anderen Geräuschen, deren Wahrnehmung zur Vermeidung von Gefährdungen erforderlich ist. Bei Tätigkeiten, die eine hohe Konzentration und Aufmerksamkeit erfordern, sind störende und negative Einflüsse in Folge einer Exposition durch Lärm oder Vibrationen zu berücksichtigen.

5.7.7 Beurteilung der Arbeitsbedingungen nach der Lastenhandhabungsverordnung

Eine Bezugnahme auf das Arbeitsschutzgesetz enthält auch § 2 Abs. 2 der **Lastenhandhabungsverordnung.** Die Vorschrift sieht vor, dass, wenn manuelle Handhabungen von Lasten nicht vermieden werden können, der Arbeitgeber bei der Beurteilung der Arbeitsbedingungen nach § 5 des Arbeitsschutzgesetzes die Arbeitsbedingungen insbesondere unter Zugrundelegung des Anhangs zu beurteilen hat. Aufgrund der Beurteilung hat der Arbeitgeber geeignete Maßnahmen zu treffen, damit eine Gefährdung von Sicherheit und Gesundheit der Beschäftigten möglichst gering gehalten wird.

Auf der Grundlage der speziellen Beurteilung trifft der Arbeitgeber geeignete Maßnahmen, damit die Gefährdung möglichst gering gehalten wird. Diese Maßnahmen können z. B. **Optimierung der Handhabungsbedingungen,** Tätigkeitswechsel, Verringerung der Lastgewichte oder des Arbeitstempos, Einsatz geeigneter Arbeitsmittel, sein. Geeignete Arbeitsmittel sind Mechanisierungshilfen (z. B. Hebebühnen, verstellbare Arbeitsbühnen) oder einfache mechanische Hilfsmittel (z. B. Sackkarren, Hebezangen, Sauggriffe), wo das Element der manuellen Handhabung zwar erhalten bleibt, die Körperkraft jedoch effizienter eingesetzt und die Gefährdung reduziert wird. Welche Maßnahmen zur sicheren und gesunden Gestaltung manueller Handhabungen von Lasten in Frage kommen können, wird von der jeweiligen Art und den Umständen der betrieblichen manuellen Handhabungen abhängen.

5.7.8 Beurteilung der Arbeitsbedingungen nach dem Mutterschutzrecht

Eine herausgehobene Stellung hat, nach dem Willen des Verordnungsgebers, die **Beurteilung der Arbeitsbedingungen im Mutterschutz.** Nach § 1 MuSchRiV trifft den Arbeitgeber eine - über die allgemeine Beurteilungspflicht nach dem ArbSchG hinausgehende - **spezifische Beurteilungspflicht.** Nach § 5 ArbSchG ist der Arbeitgeber allgemein verpflichtet, eine Beurteilung der Arbeitsbedingungen vorzunehmen. Nach der dazu als Sonderregelung zu betrachtenden Vorschrift des § 1 MuSchRiV hat der Arbeitgeber rechtzeitig für jede Tätigkeit, bei der werdende oder stillende Mütter durch die in der Anlage 1 aufgelisteten chemischen Gefahrstoffe, biologischen Arbeitsstoffe, physikalischen Schadfaktoren, die Verfahren oder Arbeitsbedingungen gefährdet werden können, Art, Ausmaß und Dauer der Gefährdung zu beurteilen.

5.8 Dokumentation

Die Pflicht, betriebliche **Dokumentationen anzufertigen** und über gewisse Zeiträume **aufbewahren** zu müssen, wird insbesondere von kleinen und mittleren Betrieben als ungebührliche Belastung angesehen, die die Aufgeschlossenheit gegenüber einem modernen Arbeitsschutz nicht gerade fördert.

5.8.1 Dokumentation nach Maßgabe des Arbeitsschutzgesetzes

§ 6 Abs. 1 ArbSchG beinhaltet die für alle betrieblichen Bereiche gültige **Generalklausel** einer Dokumentationspflicht. Danach muss der Arbeitgeber über die je nach Art der Tätigkeiten und der Zahl der Beschäftigten erforderlichen Unterlagen verfügen, aus denen das Ergebnis der Gefährdungsbeurteilung, die von ihm festgelegten Maßnahmen des Arbeitsschutzes und das Ergebnis ihrer Überprüfung ersichtlich sind. Bei **gleichartiger Gefährdungssituation** ist es ausreichend, wenn die Unterlagen zusammengefasste Angaben enthalten. Soweit in sonstigen Rechtsvorschriften nichts anderes bestimmt ist, gilt dies nicht für Arbeitgeber mit zehn oder weniger Beschäftigten; die zuständige Behörde kann, wenn besondere Gefährdungssituationen gegeben sind, anordnen, dass Unterlagen verfügbar sein müssen.

§ 6 ArbSchG ergänzt die Grundpflichten der §§ 3 und 5 um den wichtigen Aspekt der **Transparenz der betrieblichen Arbeitsschutzsituation.** Kontinuierliche betriebliche Arbeitsschutzpolitik ist sinnhaft nur bei einer gewissen Dokumentation der Entscheidungsgrundlagen möglich. Die Verantwortlichen im Betrieb und die für die Überwachung zuständigen Stellen sind auf Unterlagen angewiesen, die ihnen Auskunft insbesondere darüber geben, wie die Gefährdungssituation eingeschätzt wird, welche Schutzmaßnahmen getroffen sind und ob und mit welchem Ergebnis ihre Wirksamkeit überprüft wurde. Dabei bleibt es dem Arbeitgeber überlassen, wie er dieser Dokumentationspflicht nachkommt. Er muss nicht notwendigerweise für jeden einzelnen Arbeitsplatz gesonderte Unterlagen führen. Bei gleicher Gefährdungssituation' ist vielmehr eine **schematisierte Erfassung** ausreichend, die mehrere Arbeitsplätze zusammenfasst (Satz 2).

Naheliegend ist auch der Rückgriff auf die Berichte der betrieblichen Sicherheitsexperten. Die **Kleinbetriebsregelung** in Satz 3 berücksichtigt die dort regelmäßig vorherrschenden Entscheidungsstrukturen. Einzelheiten der Dokumentation können auf untergesetzlicher Ebene branchenspezifisch in Unfallverhütungsvorschriften oder allgemein in einer Rechtsverordnung festgelegt werden, soweit sich hierfür ein Bedürfnis ergibt. Aus **Sinn und Zweck der Dokumentationspflichten** folgt, dass Unterlagen über den jeweils aktuellen Stand vorrätig sein müssen. Der **„Altbestand"** an Unterlagen braucht deshalb nicht für eine längere Zeit, sondern nur so lange aufbewahrt zu werden, wie dies für das Verständnis der aktuellen Unterlagen erforderlich ist.

Dadurch, dass die Betriebsärzte und Fachkräfte für Arbeitssicherheit verpflichtet sind, Berichte zu erstellen, die eine Evaluierung der Gefahren am Arbeitsplatz enthalten, wird eine entsprechende Verpflichtung aus dem europäischen Arbeitsschutz-Recht vollständig erfüllt, sodass - auch nach der Rechtsprechung des EuGH aus dem Jahr 2002 - gegen die Kleinbetriebsregelung im deutschen Recht keine Einwände bestehen.

5.8.2 Dokumentation nach Maßgabe der Baustellenverordnung

Dokumentationen, wenn auch nicht primär von Risiken für Sicherheit und Gesundheit der Beschäftigten, verlangt § 2 Abs. 2 der **BaustellV** Danach hat der Bauherr (§ 4, 1. Halbsatz) für jede Baustelle, bei der

- die voraussichtliche Dauer der Arbeiten mehr als 30 Arbeitstage beträgt und auf der mehr als 20 Beschäftigte gleichzeitig tätig werden, oder
- der Umfang der Arbeiten voraussichtlich 500 Personentage überschreitet, der zuständigen Behörde spätestens zwei Wochen vor Einrichtung der Baustelle eine Vorankündigung zu übermitteln, die mindestens die Angaben nach Anhang I enthält. Die Vorankündigung ist sichtbar auf der Baustelle auszuhängen und bei erheblichen Änderungen anzupassen.

Nach Anhang 1 der BaustellV müssen **folgende Daten** dokumentiert werden:

- Ort der Baustelle,
- Name und Anschrift des Bauherrn,
- Art des Bauvorhabens,
- Name und Anschrift des anstelle des Bauherrn verantwortlichen Dritten,
- Name und Anschrift des Koordinators,
- voraussichtlicher Beginn und voraussichtliche Dauer der Arbeiten,
- voraussichtliche Höchstzahl der Beschäftigten auf der Baustelle,

- Zahl der Arbeitgeber und Unternehmer ohne Beschäftigte, die voraussichtlich auf der Baustelle tätig werden,
- Angabe der bereits ausgewählten Arbeitgeber und Unternehmer ohne Beschäftigte.

Aus dem Sinn und Zweck dieser Dokumentationsvorschrift ergibt sich, dass eine **Vorankündigung nur bei größeren Baustellen** erforderlich ist. Baustellen für Einfamilienhäuser sind in der Regel ausgenommen. Die Aushängung der Vorankündigung auf der Baustelle an exponierter Stelle dient dazu, allen Betroffenen, z. B. den Beschäftigten oder neu auf der Baustelle tätig werdenden Arbeitgebern, die Möglichkeit zu eröffnen, von ihrem Inhalt rasch Kenntnis zu nehmen. Sichtbar bedeutet auch, dass die **Lesbarkeit** nicht durch Witterungseinflüsse beeinträchtigt werden darf.

5.8.3 Dokumentation nach Maßgabe der Betriebssicherheitsverordnung

Die Dokumentationspflicht aus der **Betriebssicherheitsverordnung** firmiert unter § 11 „Aufzeichnungen". Danach hat der Arbeitgeber die Ergebnisse der Prüfungen nach § 10 aufzuzeichnen. Die zuständige Behörde kann verlangen, dass ihr diese Aufzeichnungen auch am Betriebsort zur Verfügung gestellt werden. Die Aufzeichnungen sind über einen angemessenen Zeitraum aufzubewahren, mindestens bis zur nächsten Prüfung.

Werden Arbeitsmittel, die § 10 Abs. 1 und 2 unterliegen, außerhalb des Unternehmens verwendet, ist ihnen ein Nachweis über die Durchführung der letzten Prüfung beizufügen. Mit dieser Vorschrift wird die Dokumentationsverpflichtung gemäß Art. 1 Nr. 2 Abs. 3 der Richtlinie 95/63/EG umgesetzt. Die geforderten Aufzeichnungen müssen jederzeit der zuständigen Aufsichtsbehörde am Betriebsort vorgelegt werden können. Auch dies dient der Erzielung eines effizienten Vollzugs.

5.8.4 Dokumentation nach Maßgabe der Biostoffverordnung

Ähnlich umfänglich wie die Regelungen zur Gefährdungsbeurteilung im Rahmen der **BiostoffV** sind auch die zu den Dokumentationspflichten ausgefallen.

Abweichend von § 6 Abs. 1 ArbSchG müssen auch in Betrieben mit zehn oder weniger Beschäftigten die Unterlagen zur Gefährdungsbeurteilung **vorliegen,** wenn in dem betreffenden Betrieb nicht ausschließlich gezielte Tätigkeiten mit biologischen Arbeitsstoffen der Risikogruppe 1 ohne sensibilisierende oder toxische Wirkung oder hinsichtlich der Gefährdung vergleichbare nicht gezielte Tätigkeiten durchgeführt werden (§ 8 Satz 4).

Die zuständige Behörde kann **auf schriftlichen Antrag** des Arbeitgebers für Betriebe mit weniger als zehn Beschäftigten eine **Ausnahme** von der Pflicht zur Dokumentation der Gefährdungsbeurteilung erteilen. Dies gilt nicht für gezielte Tätigkeiten mit biologischen Arbeitsstoffen der Risikogruppen 3 oder 4 sowie für nicht gezielte Tätigkeiten mit vergleichbarer Gefährdung (§ 14 Abs. 2).

Eine **weitere Verschärfung** gegenüber dem ArbSchG enthält § 12 Abs. 2 Satz 3 der BiostoffV. Während in einem „normalen" Betrieb die Unterweisungen nach § 12 ArbSchG nicht zu dokumentieren sind, schreibt die BiostoffV vor, **dass Zeitpunkt und Gegenstand der Unterweisungen** nach § 12 Abs. 2 Satz 1 im Anschluss an die Unterweisung **schriftlich festzuhalten** und vom Unterwiesenen **durch die Unterschrift zu bestätigen** sind.

Weitere umfängliche Dokumentationspflichten obliegen dem Arbeitgeber nach § 13 der BiostoffV Diese betreffen die notwendige Anzeige von in Aussicht genommenen gezielten Tätigkeiten mit einem biologischen Arbeitsstoff der Risikogruppe 3 oder 4. Allerdings hat der Verordnungsgeber in § 13 Abs. 6 der BiostoffV **bürokratische Erleichterung** vorgesehen. So kann, **wenn** sich die für die Anzeige erforderlichen Angaben **gleichwertig aus Anzeigen nach anderen Rechtsvorschriften** entnehmen lassen, die Anzeige auch durch Übermittlung einer Durchschrift dieser Anzeigen an die zuständige Behörde erfüllt werden.

Dokumentationspflichten unterliegt schließlich auch der **Arzt,** der die arbeitsmedizinischen Untersuchungen durchführt. Er hat nach § 15 Abs. 6 Satz 1 der BiostoffV den **Untersuchungsbefund schriftlich festzuhalten** und dem Arbeitgeber eine Kopie der Bescheinigung über das Untersuchungsergebnis zu übermitteln. Mit Blick auf die in Einzelfällen über **vierzig Jahre währenden Aufbewahrungsfristen** müssen gemäß § 15 Abs. 7 der Verordnung die ärztlichen Aufzeichnungen dem nachfolgenden Arzt oder aber der nach Landesrecht für den medizinischen Arbeitsschutz zuständigen Stelle übergeben werden.

5.8.5 Dokumentation nach Maßgabe der Gefahrstoffverordnung

Umfängliche Dokumentationspflichten der verschiedensten Art enthält auch die **GefahrstoffV.** Nach § 6 Abs. 1 Satz 1 der Verordnung muss, wer als Hersteller, Einführer oder erneuter Inverkehrbringer gefährliche Stoffe oder gefährliche Zubereitungen in den Verkehr bringt, den Abnehmern spätestens bei der ersten Lieferung kostenlos ein Sicherheitsdatenblatt in deutscher Sprache übermitteln.

Werden **Zubereitungen** nach den einschlägigen Regeln des EU-Rechts in den Verkehr gebracht, hat der Hersteller, Einführer oder der erneute Inverkehrbringer dem beruflichen Verwender auf Anforderung ein Sicherheitsdatenblatt zur Verfügung zu stellen, § 6 Abs. 1 Satz 2. Der **Hersteller oder Einführer** hat insbesondere dafür zu sorgen, dass das Sicherheitsdatenblatt von einer fachkundigen Person erstellt wird, fachlich richtig sowie vollständig ausgefüllt ist und regelmäßig aktualisiert wird.

Umfängliche Dokumentationspflichten enthält in Anlehnung an § 6 ArbSchG der § 7 Abs. 6 der GefahrstoffV: Der Arbeitgeber hat die Gefährdungsbeurteilung **unabhängig von der Zahl der Beschäftigten** vor Aufnahme der Tätigkeit zu dokumentieren. In der Dokumentation ist anzugeben, welche Gefährdungen am Arbeitsplatz auftreten können und welche Maßnahmen gemäß dem Dritten und Vierten Abschnitt durchgeführt werden müssen. Im Falle von Tätigkeiten mit **geringer Gefährdung** nach § 7 Abs. 9 ist keine detaillierte Dokumentation erforderlich. In allen anderen Fällen ist nachvollziehbar zu begründen, wenn auf eine detaillierte Dokumentation verzichtet wird. Die Gefährdungsbeurteilung ist zu **aktualisieren,** wenn maßgebliche Veränderungen dies erforderlich machen oder wenn sich eine Aktualisierung aufgrund der Ergebnisse der arbeitsmedizinischen Vorsorge als notwendig erweist.

Gemäß § 7 Abs. 8 GefahrStoff V hat der Arbeitgeber ein Verzeichnis der im Betrieb verwendeten Gefahrstoffe zu führen, in dem auf die entsprechenden Sicherheitsdatenblätter verwiesen wird. Dies gilt nicht für Gefahrstoffe, die bei Tätigkeiten nach § 7 Abs. 9 nur zu einer geringen Gefährdung der Beschäftigten führen. Das Verzeichnis muss **allen** betroffenen Beschäftigten und ihren Vertretern **zugänglich sein.**

5.8.6 Dokumentation nach Maßgabe der Lärm- und Vibrations-Arbeitsschutzverordnung

Die **LärmVibrationsArbSchV** enthält an mehreren, verstreut angeordneten Stellen unterschiedliche Dokumentationspflichten, die vom Arbeitgeber zu erfüllen sind. § **3 Abs. 4** enthält die **grundlegenden Vorschriften** zur Dokumentation und zur Überprüfung und Aktualisierung der Gefährdungsbeurteilung. Im Einzelnen regelt die Vorschrift des § 3 Abs. 4, dass der Arbeitgeber die Gefährdungsbeurteilung **unabhängig von der Zahl der Beschäftigten** zu dokumentieren hat. In der Dokumentation ist anzugeben, welche Gefährdungen am Arbeitsplatz auftreten können und welche Maßnahmen zur Vermeidung oder Minimierung der Gefährdung der Beschäftigten durchgeführt werden müssen.

Die Gefährdungsbeurteilung ist zu **aktualisieren,** wenn **maßgebliche Veränderungen** der Arbeitsbedingungen dies erforderlich machen oder wenn sich eine Aktualisierung auf Grund der Ergebnisse der arbeitsmedizinischen Vorsorge als notwendig erweist. Damit ist klar, dass anders als in § 6 ArbSchG, bei der Beurteilung von Lärm und Vibrationen keine „Kleinbetriebsregelung" greift und die Dokumentation nicht erst ab dem 11. sondern dem 1. Mitarbeiter nötig ist. Soweit im Zusammenhang mit Lärm und Vibrationen Messungen erfolgen, sind die ermittelten Messergebnisse in einer Form zu speichern, die eine spätere Einsichtnahme ermöglicht und die Ergebnisse mindestens **30 Jahre aufzubewahren**, § 4 Abs. 1 Satz 3.

Durch den Verweis auf den Stand der Technik (vgl. dazu: § 2 Abs. 7) wird die Verknüpfung zu den einschlägigen technischen Normen hergestellt. Die Regelung, die Ergebnisse der Messungen zu speichern und für mindestens 30 Jahre aufzubewahren, ist vor dem Hintergrund möglicher Berufskrankheitenverfahren fachlich gerechtfertigt und geht, worauf das Bundesarbeitsministerium besonders hinweist, auf die einvernehmliche Forderung der beteiligten Kreise in den Anhörungen zurück.

Eine Dokumentationspflicht, die zwar nicht den Arbeitgeber trifft, sondern den von ihm beauftragten Arbeitsmediziner, somit also im Verantwortungsbereich des Arbeitgebers liegt, regelt § 13 Abs. 5 Nr. 1 der LärmVibrationArbSchV. Bei arbeitsmedizinischen Vorsorgeuntersuchungen (§ 13 Abs. 1) ist der **Untersuchungsbefund** schriftlich festzuhalten. Mit Blick auf evtl. spätere Berufskrankheiten-Verfahren kommt auch der **Vorsorgekartei** besondere Bedeutung zu. Gemäß § 13 Abs. 6 ist für Beschäftigte, die nach § 14 Abs. 1 ärztlich untersucht worden sind, vom Arbeitgeber eine Vorsorgekartei zu führen. Die Vorsorgekartei muss insbesondere die in § 3 Abs. 1 und § 4 Abs. 1 genannten Angaben zur Exposition sowie das Ergebnis der arbeitsmedizinischen Vorsorgeuntersuchung enthalten.

Die Kartei ist in angemessener Weise so zu führen, dass sie zu einem späteren Zeitpunkt ausgewertet werden kann. Die betroffenen Beschäftigten oder von ihnen bevollmächtigte Personen sind berechtigt, die sie betreffenden Angaben einzusehen. Der Arbeitgeber hat die Vorsorgekartei für jeden Beschäftigten bis zur Beendigung des Arbeits- oder Beschäftigungsverhältnisses aufzubewahren. Danach ist dem Beschäftigten der ihn betreffende **Auszug** aus der Kartei **auszuhändigen**. Der Arbeitgeber hat eine Kopie des dem Beschäftigten ausgehändigten Auszugs wie Personalunterlagen aufzubewahren, § 13 Abs. 7. Die hier getroffenen Bestimmungen zu Art, Zeitpunkt, Umfang und durchführendem Arzt der Vorsorgeuntersuchungen sowie zum Umgehen mit dem Untersuchungsbefund und zur Vorsorgedatei entsprechen den modernen Regelungen der **Gefahrstoff- und der Biostoffverordnung.** Dadurch wird, worauf das Bundesarbeitsministerium erläuternd hinweist, eine einheitliche Handhabung der arbeitsmedizinischen Vorsorge ermöglicht.

5.9 Instandhaltung

Überall dort, wo technisches Gerät dauerhaft zum Einsatz kommt, ist die Instandhaltung ein wesentliches Element zur Wahrung von Sicherheit und Gesundheit der Beschäftigten. Insofern ist es auch naheliegend, dass überall dort, wo Rechtsregeln im Zusammenhang mit überlassenen Gerätschaften stehen, vom Gesetz- und Verordnungsgeber Instandhaltungsvorschriften geschaffen wurden.

5.9.1 Regelungen zur Instandhaltung im Arbeitsschutzgesetz

Das ArbSchG enthält keine direkten Vorgaben zum Thema „Instandhaltung". Lediglich mittelbar aus § 3 Abs. 1 Satz 1 ArbSchG lässt sich Entsprechendes ableiten. Danach ist der Arbeitgeber verpflichtet, die erforderlichen Maßnahmen des Arbeitsschutzes unter Berücksichtigung der Umstände zu treffen, die Sicherheit und Gesundheit der Beschäftigten bei der Arbeit beeinflussen. Das heißt, wenn z. B. Maschinen oder Teile davon verschleißen, dann stellen die notwendigen Instandhaltungsarbeiten auch Maßnahmen des Arbeitsschutzes dar. Damit entspricht der Arbeitgeber dann auch gleichzeitig dem aus § 4 Satz 1 Ziffer 2 ArbSchG abgeleiteten Grundsatz, wonach Gefahren an ihrer Quelle zu bekämpfen sind.

5.9.2 Regelungen zur Instandhaltung in der Baustellenverordnung

Anhand von § 5 Abs. 1 Ziffer 1 der BaustellV haben die Arbeitgeber bei der Ausführung der Bauarbeiten die erforderlichen Maßnahmen des Arbeitsschutzes zu treffen, insbesondere in Bezug auf die Instandhaltung der Arbeitsmittel.

5.9.3 Regelungen zur Instandhaltung in der Betriebssicherheitsverordnung

Die Pflicht zur Instandhaltung ist in der BetrSichV etwas verklausuliert abgebildet. So hat nach § 7 Abs. 5 der Verordnung der Arbeitgeber die erforderlichen Maßnahmen zu treffen, damit die Arbeitsmittel während der gesamten Benutzungsdauer den Anforderungen der Absätze 1 bis 4 des § 7 entsprechen.

5.9.4 Regelungen zur Instandhaltung in der Biostoffverordnung

Dass sich die Arbeitgeberpflichten auch bei der **BioStoffV** nicht lediglich auf die Überlassung von z. B. persönlicher Schutzausrüstung oder Schutzkleidung beschränkt, ergibt sich aus § 11 Abs. 1 Satz 2 und 3. Danach hat der **Arbeitgeber geeignete Einrichtungen zu schaffen,** damit persönliche **Schutzausrüstungen** beim Verlassen des Arbeitsplatzes abgelegt und getrennt von anderen Kleidungsstücken gelagert und auf ihren Zustand überprüft werden können. Entsprechend dem Ereignis der Überprüfung müssen die persönlichen Schutzausrüstungen desinfiziert und gereinigt werden. Falls sie schadhaft sind, müssen sie **ausgebessert** oder ausgetauscht, erforderlichenfalls vernichtet werden.

5.9.5 Regelungen zur Instandhaltung in der Gefahrstoffverordnung

Im engen Zusammenhang mit § 2 Abs. 4 der PSA-Benutzungsverordnung steht § 9 Abs. 3 Satz 3 Nr. 2 und 3 der GefahrstoffV. Danach stellt der Arbeitgeber sicher, dass die Schutzausrüstungen vor Gebrauch geprüft und nach Gebrauch gereinigt werden und schadhafte Ausrüstungen vor erneutem Gebrauch **ausgebessert** oder ausgetauscht werden.

5.9.6 Regelungen zur Instandhaltung in der Lärm- und Vibrations-Arbeitsschutzverordnung

Wie eng stetige Kontrolle (= Prüfung) von Gerätschaften und Instandhaltung zusammenhängen, wird durch § 8 Abs. 4 der **LärmVibrationsArbSchV** belegt. **§ 8 Abs. 4** enthält die Verpflichtung des Arbeitgebers, den Zustand und die einwandfreie Funktion des persönlichen Gehörschutzes **regelmäßig zu überprüfen.** Schadhaften Gehörschutz hat er zu ersetzen. Weiterhin werden Regelungen für den Fall getroffen, dass sich aus dem Ergebnis der Gefährdungsbeurteilung eine Überschreitung der zulässigen Expositionswerte ergibt.

5.9.7 Regelungen zur Instandhaltung in der PSA-Benutzungsverordnung

Instandhaltung und Pflege ist ein Aspekt, der auch bei der Benutzung von persönlicher Schutzausrüstung in Bereichen eine wichtige Rolle spielt, wo nicht mit biologischen Arbeitsstoffen hantiert wird. Nach § 2 Abs. 4 der **PSA-Benutzungsverordnung** trägt der Arbeitgeber durch Wartungs-, Reparatur- und Ersatzmaßnahmen sowie durch ordnungsgemäße Lagerung dafür Sorge, dass die persönlichen Schutzausrüstungen während der gesamten Benutzungsdauer gut funktionieren und sich in einem **hygienisch einwandfreien Zustand befinden**.

Die dort genannten Maßnahmen sind vom Arbeitgeber durchzuführen, um die Funktionsfähigkeit der PSA aufrechtzuerhalten und die an sie gestellten hygienischen Anforderungen zu gewährleisten. Die Reinigung von PSA ist ein Bestandteil der Wartungsmaßnahmen. Der Aspekt der **ordnungsgemäßen Lagerung** von PSA wurde deswegen vom nationalen Verordnungsgeber **hinzugefügt,** da diese zur Erfüllung der vorangenannten Anforderungen an PSA wichtig ist. Im Übrigen enthalten die Sicherheitsregeln der Unfallversicherungsträger für die Auswahl von PSA bereits diesbezüglich praxisgerecht aufbereitete Konkretisierungen für einzelne PSA-Arten (vgl. dazu: BGR 198 Regeln für den Einsatz von PSA gegen Absturz).

5.10 Kennzeichnung

Ein Thema, das in den älteren Verordnungen noch keine Rolle spielte, sehr wohl aber überall dort, wo der Arbeitnehmer durch stoffliche oder physikalische Einflüsse Gefahren ausgesetzt ist, ist die **Kennzeichnungspflicht. Verätzungen und Vergiftungen** durch die Aufnahme von Laugen und Säuren, die in Getränkeflaschen verwahrt werden, widersprechen allen Regeln des Arbeitsschutzes. Gleiches gilt für **irreversible Hörschäden** durch erhöhte und überhöhte Lärmwerte. Die Verordnungen betreffend biologische Arbeitsstoffe, Gefahrstoffe sowie Lärm und Vibrationen am Arbeitsplatz treffen entsprechende Regelungen zum Schutz der Belegschaften.

5.10.1 Kennzeichnungsvorschriften in der Biostoffverordnung

Die Kennzeichnung beim Umgang mit biologischen Arbeitsstoffen regelt § 10 Abs. 10 der **Biostoffverordnung.** Biologische Arbeitsstoffe sind sicher zu lagern. Es sind nur solche Behälter zur Lagerung, zum Transport oder zur Beseitigung von biologischen Arbeitsstoffen zu verwenden, die hinsichtlich ihrer Beschaffenheit geeignet sind, den Inhalt sicher zu umschließen. Die Behälter sind für die Beschäftigten im Hinblick auf die davon ausgehenden Gefahren in geeigneter Weise deutlich erkennbar zu kennzeichnen. Biologische Arbeitsstoffe dürfen nicht in solchen Behältern gelagert werden, durch deren **Form oder Bezeichnung** der Inhalt mit Lebensmitteln verwechselt werden kann.

5.10.2 Kennzeichnungsvorschriften in der Gefahrstoffverordnung

Die Kennzeichnungspflicht im Zusammenhang mit Gefahrstoffen regelt § 5 Abs. 4 der **Gefahrstoff-Verordnung.** Wer als Hersteller, Einführer oder erneuter Inverkehrbringer gefährliche Stoffe, Zubereitungen oder Biozid-Produkte in den Verkehr bringt, hat sie entsprechend der Einstufung nach § 5 Absätzen 1 bis 3 zu verpacken und in **deutscher Sprache zu kennzeichnen.** Werden gefährliche Stoffe und Zubereitungen unverpackt in den Verkehr gebracht, sind jeder Liefereinheit geeignete deutschsprachige Sicherheitsinformationen, vorzugsweise ein Sicherheitsdatenblatt mitzugeben.

5.10.3 Kennzeichnungsvorschriften in der Lärm- und Vibrations-Arbeitsschutzverordnung

Im Rahmen der **LärmVibrationsArbSchV** ist die Kennzeichnung von Lärmzonen Teil der Maßnahmen zur Vermeidung und Verringerung der Lärmexposition. Nach § 7 Abs. 4 der Verordnung hat der Arbeitgeber Arbeitsbereiche, in denen einer der oberen Auslösewerte für Lärm überschritten wird, als **Lärmbereich** zu **kennzeichnen** und, falls technisch möglich, abzugrenzen. In diesen Bereichen dürfen Beschäftigte nur tätig werden, wenn das Arbeitsverfahren dies erfordert.

5.10.4 Vorschläge zur Kennzeichnung

In einschlägigen Publikationen finden sich folgende Vorschläge für eine betriebliche Sicherheitskennzeichnung:

Verbotszeichen	Kreis, roter Rand, roter Querbalken, schwarzes Symbol auf weißem Grund
Warnzeichen	Dreieck, schwarzer Rand, schwarzes Symbol auf gelbem Grund
Gebotszeichen	Kreis, weißes Symbol auf blauem Grund
Rettungszeichen (Erste-Hilfe-Einrichtungen, Rettungswege und Notausgänge, Grund Türen im Verlauf von Rettungswegen)	Rechteckig, weißes Symbol auf grünem Grund
Brandschutzzeichen	Rechteckig, weißes Symbol auf rotem Grund
Schallzeichen	Betrieblich festzulegen (z. B. unterschiedliche Alarmsignale durch Einsatz einer Sirene)
Handzeichen	Beim Einsatz von Handzeichen muss vereinbart werden, wer diese gibt. Handzeichen werden meist über eine große Entfernung gegeben, sodass die Einweiser über geeignete Erkennungszeichen verfügen müssen. Dadurch soll erreicht werden, dass nur den Zeichen des Einweisers Folge geleistet wird.

5.11 Koordinierung/Zusammenarbeit

Angesichts der Tatsache, dass das Arbeitsschutzgesetz wie auch die hieraus abgeleiteten Verordnungen Umsetzung europäischen Rechtes sind, sind die in Konsequenz hieraus entstandenen Vorschriften über die Koordinierung und Zusammenarbeit zwischen mehreren Arbeitgebern für das deutsche Recht dem Grunde nach „ein alter Hut", wie § 6 der berufsgenossenschaftlichen Vorschrift BGV A 1(„Grundsätze der Prävention") erkennen lässt.

5.11.1 Regelungen zur Koordinierung im Arbeitsschutzgesetz

§ 8 ArbSchG sieht vor, dass, wenn Beschäftigte mehrerer Arbeitgeber an einem Arbeitsplatz tätig werden, die **Arbeitgeber verpflichtet** sind, bei der Durchführung der Sicherheits- und Gesundheitsschutzbestimmungen **zusammenzuarbeiten.** Soweit dies für die

Sicherheit und den Gesundheitsschutz der Beschäftigten bei der Arbeit erforderlich ist, haben die Arbeitgeber je nach Art der Tätigkeiten insbesondere sich gegenseitig und ihre Beschäftigten über die mit den Arbeiten verbundenen Gefahren für Sicherheit und Gesundheit der Beschäftigten zu unterrichten und Maßnahmen zur Verhütung dieser Gefahren abzustimmen. Absatz 1 behandelt den Fall, dass Beschäftigte verschiedener Arbeitgeber zeitlich oder örtlich gemeinsam auf einer **externen Baustelle** tätig werden. In diesem Fall sind beide Arbeitgeber entsprechend Artikel 6 Abs. 4 und Artikel 10 Abs. 2 der Rahmenrichtlinie insbesondere verpflichtet, sich und ihre Beschäftigten über die möglichen Gefahren zu unterrichten und ihre Schutzmaßnahmen abzustimmen.

Nach § 8 Abs. 2 ArbSchG muss der Arbeitgeber sich je nach Art der Tätigkeit vergewissern, dass die Beschäftigten anderer Arbeitgeber, die in **seinem Betrieb** tätig werden, hinsichtlich der Gefahren für ihre Sicherheit und Gesundheit während ihrer Tätigkeit in seinem Betrieb angemessene Anweisungen erhalten haben. Dabei geht es nicht nur darum, dass Beschäftigte des einen Arbeitgebers Beschäftigte des anderen gefährden können. Vielmehr geht es insbesondere um Gefahren, die von der Arbeitsstätte und den vorhandenen Einrichtungen ausgehen. Von dieser Regelung wird insbesondere der **Einsatz von Fremdfirmen** für Reinigungs- und Reparaturarbeiten in Produktionsanlagen, Verkehrsbetrieben, Werkstätten, Laboratorien oder Krankenhäusern erfasst. Hier ist häufig die Unkenntnis über die von der Arbeitsstätte ausgehenden Gefahren bereits ein zusätzliches vermeidbares Gefahrenmoment. Art und Weise sowie Umfang der Erfüllung der Pflicht, sich über eine angemessene Unterrichtung zu vergewissern, richten sich entsprechend dem Verhältnismäßigkeitsgrundsatz nach der Gefährlichkeit der in dem Betrieb anfallenden Tätigkeiten.

Vor dem Hintergrund der sehr ähnlichen Regelungen aus der BGV A 1 („Grundsätze der Prävention") und dem Arbeitsschutzgesetz stellt sich der betrieblichen Praxis die Frage, **welche Vorschrift** denn nun **vorrangig** gilt. Nach § 1 Abs. 3 Satz 1 ArbSchG bleiben Pflichten, die die Arbeitgeber zur Gewährleistung von Sicherheit und Gesundheitsschutz der Beschäftigten bei der Arbeit nach sonstigen Rechtsvorschriften haben, unberührt. Mithin gelten zum Thema „Koordinierung" sowohl die BGV als auch das ArbSchG gleichwertig nebeneinander mit der Folge, dass dem als Koordinator eingesetzten Arbeitnehmer das in der BGV vorgesehene, im ArbSchG allerdings fehlende **Weisungsrecht** zusteht.

5.11.2 Regelungen zur Koordinierung in der Baustellenverordnung

Wie schon aus der Regelung des ArbSchG ersichtlich, sind Baustellen diejenigen Bereiche, die vorrangig der geordneten Zusammenarbeit der verschiedenen Unternehmen bedürfen. Vor diesem Hintergrund kann nicht verwundern, dass die Koordinierungsvorschrift des § 3 der **BaustellV** umfänglicher ausfällt als die des § 6 der BGV A 1 oder des § 13 des ArbSchG. Nach § 3 der BaustellV sind für Baustellen, auf denen Beschäftigte mehrerer Arbeitgeber tätig werden, ein oder mehrere geeignete Koordinatoren zu bestellen. Der Bauherr oder der von ihm beauftragte Dritte kann die Aufgaben des Koordinators selbst wahrnehmen. Die Vorschrift differenziert des weiteren sogar zwischen Koordinierungsaufgaben in der **Planungsphase** (Abs. 2) und der **anschließenden Ausführung** (Abs. 3).

Während der **Planung** der Ausführung **des Bauvorhabens** hat der Koordinator

- die in § 2 Abs. 1 vorgesehenen Maßnahmen (Einteilung der Arbeiten, Bemessung der Ausführungszeiten) zu koordinieren,
- den Sicherheits- und Gesundheitsschutzplan auszuarbeiten oder ausarbeiten zu lassen und
- eine Unterlage mit den erforderlichen, bei möglichen späteren Arbeiten an der baulichen Anlage zu berücksichtigenden Angaben zu Sicherheit und Gesundheitsschutz zusammenzustellen.

Während der **Ausführung des Bauvorhabens** hat der Koordinator

- die Anwendung der allgemeinen Grundsätze nach § 4 des Arbeitsschutzgesetzes zu koordinieren,
- darauf zu achten, dass die Arbeitgeber und die Unternehmer ohne Beschäftigte ihre Pflichten nach dieser Verordnung erfüllen,
- den Sicherheits- und Gesundheitsschutzplan bei erheblichen Änderungen in der Ausführung des Bauvorhabens anzupassen oder anpassen zu lassen,
- die Zusammenarbeit der Arbeitgeber zu organisieren und
- die Überwachung der ordnungsgemäßen Anwendung der Arbeitsverfahren durch die Arbeitgeber zu koordinieren.

Arbeitsschritte	Inhalte des SI-Ge Planes
Planung der Ausführung	
Bestandsaufnahme zum Bauvorhaben (Beschreibung, Gutachten, Pläne, Genehmigungen etc.) und Erfassung aller Tätigkeiten (Gewerke) und ggf. anderweitiger betrieblicher Tätigkeiten auf dem Gelände entsprechend der vorgesehenen Bauablaufplanung.	• Auflistung aller Tätigkeiten (Gewerke) unter Berücksichtigung ihres zeitlichen Ablaufes (ggf. in Anlehnung an den Bauablaufplan, z. B. in Form eines Balkendiagramms
Festlegung der wesentlichen Tätigkeits- (Gewerks-)spezifischen Maßnahmen (einschließlich der Maßnahmen für „besonders gefährliche Arbeiten“ nach Anhang II BaustellV). Ermittlung der Auswirkungen auf spätere Arbeiten an der baulichen Anlage für die Unterlagen nach § 3 Abs. 2 Nr. 3 BaustellV.	• erforderliche Maßnahmen, Verweise auf die anzuwendenden Arbeitsschutzbestimmungen • Verweise auf Pläne und Anweisungen
Ermittlung und Beurteilung möglicher gegenseitiger Gefährdungen, die sich aus örtlicher und zeitlicher Nähe ergeben.	• Koordinierungsmaßnahmen zur Beseitigung bzw. Minimierung der gegenseitigen Gefährdungen (z. B. Regelungen bei Schweiß- und Montagearbeiten)
Festlegung baustellenspezifischer Maßnahmen (z. B. Reglungen zur Ersten Hilfe, Rettungsmaßnahmen, Brandschutz, Verkehrs-, Flucht- und Rettungswege) und Koordinierung der erforderlichen (Sicherheits-)Einrichtung unter Berücksichtigung des Bauablaufes (z. B. Sozialeinrichtungen, Einrichtungen zur Ersten Hilfe, Baustromverteilung, Seitenschutz, Gerüste) und ggf. vorliegender Gefährdungsbeurteilung der beteiligten Unternehmen.	• Verweise auf baustellenspezifische Regelungen • Einrichtungen, die zur Verwendung durch mehrere Gewerke geplant sind bzw. gestellt werden • Ausschreibung der gemeinsam genutzten Einrichtungen einschließlich deren Vorhaltung bzw. Überprüfung.
Ausführung	
Überprüfung der festgelegten Maßnahmen bei erheblichen Änderungen in der Bauausführung während der gesamten Planung der Ausführung sowie der Ausführung des Bauvorhabens.	3. Fortschreibung durch Anpassung bzw. Änderung der Angaben.

An
zuständige Behörde

Vorankündigung
Gemäß § 2 der Verordnung über Sicherheit und Gesundheitsschutz auf Baustellen (Baustellenverordnung - BaustellenV)

1. Bezeichnung und Ort der Baustelle: ....
   Straße/Nr.: ....
   PLZ/Ort: ....

2. Name und Anschrift des Bauherren:
   ....
   ....
   ....

3. Name und Anschrift des anstelle des Bauherren verantwortlichen Dritten:
   ....
   ....
   ....

4. Art des Bauvorhabens: ....

5. Koordinator(en) (sofern erforderlich) mit Anschrift und Telefon, ggf. Fax, E-Mail
   - für die Planung der Ausführung: ....
   - für die Ausführung des Bauvorhabens: ....

6. Voraussichtl. Beginn u. Ende der Arbeiten: von .... bis ....

7. Voraussichtl. Höchstzahl der gleichzeitig Beschäftigten auf der Baustelle: ....

8. Voraussichtliche Zahl der Arbeitgeber: ....

9. Voraussichtl. Zahl der Unternehmer ohne Beschäftigte: ....

10. Bereits ausgewählte Arbeitgeber und Unternehmer ohne Beschäftigte:
    1. ....
    2. ....
    3. ....
    4. ....
    5. ....
    6. ....
    7. ....
    8. ....
    9. ....
    10. ....

    (weitere Angaben ggf. als Anlage)

....	....	....
(Ort/Datum)	(Name)	(Unterschrift)

(Bauherr oder anstelle des Bauherren verantwortlicher Dritter)

Verteiler:
1 x zuständige Behörde, 1x Baustellenaushang, 1x Bauherr

5.11.3 Regelungen zur Koordinierung in der Gefahrstoffverordnung

Auch im Gefahrstoffrecht kommt der Koordinierung und der Zusammenarbeit verschiedener Firmen große Bedeutung zu. § 17 der GefahrstoffV trifft hierzu einschlägige Regelungen. Werden für die Durchführung von Tätigkeiten mit Gefahrstoffen in einem Betrieb Fremdfirmen beauftragt, ist der Arbeitgeber als Auftraggeber dafür verantwortlich, dass für die erforderlichen Tätigkeiten nur Firmen herangezogen werden, die über die für die Tätigkeiten erforderliche besondere Fachkenntnis und Erfahrung verfügen. Der Arbeitgeber als Auftraggeber hat dafür zu sorgen, dass die Fremdfirma über die Gefahrenquellen und die spezifischen Verhaltensregeln informiert wird, § 17 Abs. 1. Jeder Arbeitgeber hat seinen Verantwortungsbereich so zu **organisieren**, dass Maßnahmen getroffen werden, um betrieblichen Gefahren wirksam zu begegnen, § 17 Abs. 2 Satz 1. Alle Arbeitgeber, Auftraggeber und Auftragnehmer haben bei der Durchführung der Gefährdungsbeurteilung zusammenzuwirken und sich abzustimmen, § 17 Abs. 3 Satz 1.

Die **Absätze 1,** 2 **und 3** dienen der Konkretisierung von § 8 ArbSchG, der Ablösung der älteren Regelungen in der berufsgenossenschaftlichen Vorschrift BGV B 1 (Gefahrstoffe) sowie der Umsetzung von Art. 6 des ILO-Übereinkommens Nr. 184 und Art. 6 Nr. 2 des ILO-Übereinkommens Nr. 148.

5.12 Kostenpflicht

Angesichts der in den letzten Jahren stetig gestiegenen Lohn- und Lohnnebenkosten sowie der alleinigen Beitragspflicht der Arbeitgeber zur gesetzlichen Unfallversicherung kommt naturgemäß in der betrieblichen Praxis der Frage nach den Kosten des Arbeitsschutzes besondere Bedeutung zu.

5.12.1 Kostenpflicht aus dem Arbeitsschutzgesetz

Das ArbSchG stellt in § 3 Abs. 3 lakonisch fest, dass der Arbeitgeber Kosten für Maßnahmen nach diesem Gesetz nicht den Beschäftigten auferlegen darf. § 3 Abs. 3 ArbSchG steht in engem systematischen Zusammenhang mit der Organisationspflicht des Arbeitgebers, die erforderlichen Mittel bereitzustellen (§ 3 Abs. 2 Nr. 1 ArbSchG). Während § 3 Abs. 2 Nr. 1 ArbSchG die Verpflichtung des Arbeitgebers normiert, zu gewährleisten, dass die erforderlichen **Arbeitsschutzmittel tatsächlich verfügbar** sind, regelt § **3 Abs. 3 ArbSchG** die sich hieraus ergebende Frage der **Kostentragung.**

§ 3 Abs. 3 ArbSchG erfasst **alle Maßnahmen und Vorkehrungen des betrieblichen Arbeits- und Gesundheitsschutzes,** unabhängig davon, ob diese den Beschäftigten unmittelbar oder mittelbar zugute kommen. Den Beschäftigten dürfen deshalb weder die Kosten für Gefährdungsbeurteilungen, die Dokumentation oder für die in § 11 ArbSchG, § 6 BildscharbV vorgesehenen arbeitsmedizinischen Untersuchungen noch die Kosten für die unmittelbar die Arbeit gestaltenden technischen, organisatorischen oder personenbezogenen „Maßnahmen des Arbeitsschutzes" (§ 2 Abs. 1 ArbSchG) auferlegt werden.

Ob organisatorische Schutzmaßnahmen in Gestalt von Arbeitsunterbrechungen **vergütungspflichtig** sind, wie sie z. B. von § 5 BildscharbV oder § 4 UVV Lärm in Bereichen mit extremer Lärmbelastung vorgesehen sind, wird in der Literatur derzeit unterschiedlich bewertet. Dabei ist zu beachten, dass die arbeitsschutzrechtlich gebotenen Arbeitsunterbrechungen allein auf einer Organisationsentscheidung des Arbeitgebers beruhen, die sich konkret gegen die Möglichkeit - und den Aufwand - der Organisation von Mischarbeit und für' die Gewährung von Pausen zur Belastungsreduzierung entschieden hat. Den Beschäftigten verbleibt bei dieser allein im Verantwortungsbereich des Arbeitgebers liegenden Entscheidung der Anspruch auf die jeweilige Vergütung.

Probleme können bei den Kosten für **persönliche Schutzausrüstungen** entstehen, wenn diese auch im Privatbereich genutzt werden können und dürfen (z. B. Sicherheitsschuhe, Schutzhandschuhe).

In der Gesetzesbegründung wurde in diesem Zusammenhang seinerzeit auf die Möglichkeit einer abweichenden Regelung durch rechtlich abgesicherte **Kostenübernahmevereinbarungen** verwiesen.

In der Literatur wurde im Anschluss an die einschlägige Rechtsprechung eine solche Vereinbarung weiter anerkannt, wenn nicht nur die **tatsächliche Möglichkeit einer privaten Nutzung** besteht, sondern auch jeder einzelne Beschäftigte das Recht hat, **freiwillig** zu entscheiden, ob er ein entsprechendes Angebot annehmen möchte.

Der **völlige Kostenausschluss** zugunsten der Beschäftigten nach diesem Gesetz schließt allerdings nicht aus, dass Maßnahmen der (arbeits-)medizinischen Prävention z. B. nach dem SGB V von den gesetzlichen Krankenkassen abgewickelt und damit von den Beschäftigten über ihren hälftigen Gesamtsozialversicherungsbeitrag letztlich doch mitfinanziert werden.

5.12.2 Kostenpflicht aus der Bildschirmarbeitsverordnung

Etwas verklausuliert ist die Kostenpflicht des Arbeitgebers in § 6 Abs. 2 der **BildscharbV** festgelegt, wenn es dort heißt, dass den Beschäftigten im erforderlichen Umfang spezielle Sehhilfen für ihre Arbeit an Bildschirmgeräten zur Verfügung zu stellen sind, wenn die Ergebnisse einer entsprechenden Augenuntersuchung ergeben, dass spezielle Sehhilfen notwendig und normale Sehhilfen nicht geeignet sind.

In den Erläuterungen zur Bildschirmarbeitsverordnung wird darauf hingewiesen, dass sich schon aus § 3 Abs. 3 ArbSchG ergibt, dass der Arbeitgeber die **Kosten** für Maßnahmen des Arbeitsschutzes **nicht** den Beschäftigten auferlegen darf. Hinsichtlich der Kosten für spezielle Sehhilfen wird auf die Praxis der **Krankenkassen** verwiesen, wonach unter bestimmten Voraussetzungen die **Kosten** von diesen **getragen** werden können. Generell ausgeschlossen sind solche Vereinbarungen für spezielle Sehhilfen für die Arbeit an Bildschirmarbeitsplätzen.

5.13 Pflichten Dritter

Das Arbeitsschutzgesetz wie auch die daraus abgeleiteten Verordnungen wenden sich in erster Linie an den Arbeitgeber. Im Rahmen seiner Hauptpflicht „Gewährleistung von Sicherheit und Gesundheit bei der Arbeit" obliegen ihm zahlreiche, bisher schon beschriebene Detailaufgaben. Da er aber objektiv wenig ausrichten kann, wenn nicht die unmittelbar Begünstigten seiner Maßnahmen, die Beschäftigten, „mitziehen", werden sie vom Gesetzgeber, wenn auch maßvoll, mit in die Pflicht genommen.

5.13.1 Pflichten Dritter aus dem Arbeitsschutzgesetz

Nach § 15 Abs. 1 **ArbSchG** sind die Beschäftigten verpflichtet, nach ihren Möglichkeiten sowie gemäß der Unterweisung und Weisung des Arbeitgebers für ihre Sicherheit und Gesundheit bei der Arbeit Sorge zu tragen. Dementsprechend haben die Beschäftigten auch für die Sicherheit und Gesundheit der Personen zu sorgen, die von ihren Handlungen oder Unterlassungen bei der Arbeit betroffen sind. Diese Regelung ist von dem Gedanken getragen, dass die besten Schutzvorkehrungen nichts nutzen, wenn sich die Beschäftigten nicht eigenverantwortlich sicherheitsgerecht verhalten und nicht im Rahmen der eigenen Möglichkeiten auch selbst aktiv für Sicherheit und Gesundheitsschutz sorgen.

Im Rahmen dieser **generellen Vorgaben** haben die Beschäftigten insbesondere Maschinen, Geräte, Werkzeuge, Arbeitsstoffe, Transportmittel und sonstige Arbeitsmittel sowie Schutzvorrichtungen und die ihnen zur Verfügung gestellte persönliche Schutzausrüstung bestimmungsgemäß zu verwenden (§ 15 Abs. 2 ArbSchG). Des weiteren haben nach § 16 ArbSchG die Beschäftigten dem Arbeitgeber oder dem zuständigen Vorgesetzten jede von ihnen festgestellte unmittelbare erhebliche **Gefahr** für die Sicherheit und Gesundheit sowie jeden an den Schutzsystemen festgestellten **Defekt unverzüglich** zu **melden.** Sie haben zudem gemeinsam mit dem Betriebsarzt und der Fachkraft für Arbeitssicherheit den Arbeitgeber darin zu unterstützen, die Sicherheit und den Gesundheitsschutz der Beschäftigten bei der Arbeit zu gewährleisten und seine Pflichten entsprechend den behördlichen Auflagen zu erfüllen. Unbeschadet ihrer Pflicht nach Absatz 1 **sollen die Beschäftigten** von ihnen festgestellte **Gefahren** für Sicherheit und Gesundheit und Mängel an den Schutzsystemen auch der Fachkraft für Arbeitssicherheit, dem Betriebsarzt oder dem Sicherheitsbeauftragten nach § 22 SGB VII **mitteilen.**

5.13.2 Pflichten Dritter aus der Baustellenverordnung

Mit Blick auf die Gefahrenpotentiale im Bereich der Bauwirtschaft werden nach § 6 der **BaustellV** auch noch diejenigen ausdrücklich in die (Arbeitsschutz-)Pflicht genommen, die eigentlich von den Regelungen des Arbeitsschutzgesetzes „mangels Masse" gar nicht angesprochen sind. So haben zur Gewährleistung von Sicherheit und Gesundheitsschutz der Beschäftigten auch die auf einer Baustelle tätigen **Unternehmer ohne Beschäftigte** die bei den Arbeiten anzuwendenden Arbeitsschutzvorschriften einzuhalten. Sie haben die Hinweise des Koordinators sowie den Sicherheits- und Gesundheitsschutzplan zu berücksichtigen. Diese Vorgaben gelten auch für Arbeitgeber, die selbst auf der Baustelle tätig sind.

Unternehmer ohne Beschäftigte sind Personen, die keine Arbeitgeber im Sinne des § 2 Abs. 3 ArbSchG und **keine Beschäftigten** im Sinne des § 2 Abs. 2 ArbSchG, insbesondere **keine sog. Scheinselbständigen**, sind. Zum Schutz der Beschäftigten werden auch diese Personen verpflichtet, die für den Arbeitgeber geltenden Arbeitsschutzvorschriften einzuhalten. Hierzu zählen insbesondere §§ 4 und 8 Abs. 1 ArbSchG, § 2 Absätze 2 und 3 sowie Kapitel 4 des Anhangs der Betriebssicherheitsverordnung, § 2 der PSA-Benutzungsverordnung, die Bestimmungen des vierten Kapitels der Arbeitsstättenverordnung sowie die Unfallverhütungsvorschrift BGV C 22 „Bauarbeiten". Unberührt von dieser Regelung bleiben Unfallverhütungsvorschriften, die die sonstigen Personen zu ihrem eigenen Schutz beachten müssen.

5.14 Planung

Der Gesetz- und Verordnungsgeber hat sich bei der Schaffung des Arbeitsschutzgesetzes im Jahr 1996 und allen sich daran anschließenden Verordnungen von der Idee leiten lassen, den Arbeitsschutz für die betriebliche Praxis so unbürokratisch wie nur eben möglich zu gestalten. Gleichwohl kann es einen „planlosen" Arbeitsschutz nicht geben.

5.14.1 Planungsvorschriften im Arbeitsschutzgesetz

§ 4 Ziffer 4 **ArbSchG** verpflichtet den Arbeitgeber grundsätzlich, Maßnahmen des Arbeitsschutzes mit dem Ziel zu **planen**, Technik, Arbeitsorganisation, sonstige Arbeitsbedingungen, soziale Beziehungen und den Einfluss der Umwelt auf den Arbeitsplatz sachgerecht miteinander zu verknüpfen.

5.14.2 Planungsvorschriften in der Baustellenverordnung

Planung ist nicht nur entscheidende Voraussetzung für das Gelingen eines Bauwerks, sondern auch für den entsprechenden Arbeits- und Gesundheitsschutz. § 2 Abs. 1 der **BaustellV** schreibt deshalb vor, dass bei der Planung der Ausführung eines Bauvorhabens, insbesondere bei der Einteilung der Arbeiten, die gleichzeitig oder nacheinander durchgeführt werden, und bei der Bemessung der Ausführungszeiten für diese Arbeiten, die allgemeinen Grundsätze nach § 4 des Arbeitsschutzgesetzes zu berücksichtigen sind. Müssen z. B. Beschäftigte eines Arbeitgebers mit gefährlichen Stoffen umgehen, ist bei der Einteilung der Arbeiten zu prüfen, ob Beschäftigte anderer Arbeitgeber parallel hierzu im Gefahrenbereich arbeiten dürfen. Diese Grundsätze sind etwa bei der Erstellung der Baubeschreibung zu berücksichtigen, damit die potentiellen Auftragnehmer bei der **Angebotsbearbeitung** die für die Ausführung der Arbeiten im Hinblick auf die Beachtung der Arbeitsschutzvorschriften erforderlichen Informationen erhalten.

Noch umfassender sind die **Plan-Auflagen**, wenn auf einer Baustelle mit einer großen Zahl von Arbeitnehmern oder besonders gefährlichen Arbeiten (Dachbau, Hochleitungsbau,

Taucharbeiten) zu rechnen ist. Nach § 2 Abs. 3 der **Baustellenverordnung** gelten dann folgende Vorgaben. Ist für eine Baustelle, auf der **Beschäftigte mehrerer Arbeitgeber** tätig werden, **eine Vorankündigung** zu übermitteln, oder werden auf einer Baustelle, auf der Beschäftigte mehrerer Arbeitgeber tätig werden, besonders gefährliche Arbeiten ausgeführt, so ist dafür **zu sorgen**, dass vor Einrichtung der Baustelle ein **Sicherheits- und Gesundheitsschutzplan** erstellt wird.

Der Plan muss die für die betreffende Baustelle anzuwendenden **Arbeitsschutzbestimmungen erkennen lassen** und besondere Maßnahmen für die besonders gefährlichen Arbeiten enthalten. Erforderlichenfalls sind bei Erstellung des Planes betriebliche Tätigkeiten auf dem Gelände zu berücksichtigen. Welchen **Inhalt** der Plan haben muss, ist im Interesse einer optimalen Ausrichtung auf die jeweiligen Erfordernisse nicht in allen Einzelheiten **vorgeschrieben.**

Fragen zur Baustellenverordnung beantwortet seit Ende 2006 die Bundesanstalt für Arbeitsschutz und Arbeitsmedizin (BAuA) in einem Online-FAQ. Dabei geht es u. a. um die Umsetzung, die Pflichten der Arbeitgeber, die Regeln zum Arbeitsschutz auf Baustellen (RAB) oder die Instrumente der Baustellenverordnung.

Schwerpunkte der neuen Internet-Information bilden unter anderem folgende Themenkomplexe:

- Grundsätzliches zum Arbeitsschutz auf Baustellen,
- Allgemeine Informationen zur Baustellenverordnung,
- Die Umsetzung der Baustellenverordnung,
- Der Bauherr als Adressat der Baustellenverordnung,
- Die Pflichten der bauausführenden Arbeitgeber und sonstiger Personen,
- Die Regeln zum Arbeitsschutz auf Baustellen - RAB.

Siehe dazu im Einzelnen:

www.baua.de/de/Themen-von-A-Z/Branchenschwerpunkt-Bauarbeiten-und-Baustellen-/Baustellenverordnung/Baustellenverordnung.html nnn=true

5.14.3 Planungsvorschriften in der Lärm- und Vibrations-Arbeitsschutzverordnung

Planung spielt auch bei der Bekämpfung von **Lärm und Vibrationen** sowie ihrer negativen Begleiterscheinungen eine Rolle. So hat der Arbeitgeber im Rahmen seiner umfänglichen Pflichten aus § 10 (Maßnahmen zur Expositionsminderung durch Vibrationen) auch **Arbeitszeitpläne** mit ausreichenden Zeiten ohne belastende Exposition zu erstellen, § 10 Abs. 2 Nr. 8 der VO.

5.15 Rechte der Beschäftigten

Nach klassischem Muster des Zivil- und des Arbeitsrechts müssten die Pflichten des Arbeitgebers spiegelbildlich die Rechte des Beschäftigten - und umgekehrt - ausmachen. Im Arbeitsschutz kann dieses Schema nicht durchgängig übernommen werden. Mag dies noch für die Fragen der Kostenpflicht gelten, so hat der Beschäftigte keinen Anspruch darauf, dass der Arbeitgeber seinen Dokumentationspflichten oder Planungsvorgaben nachkommt, auch wenn für den Arbeitnehmer in puncto Arbeits- und Gesundheitsschutz persönlich viel davon abhängt. Diese Arbeitgeberpflichten zur Umsetzung zu bringen, notfalls mit Sanktionen, ist Sache der Arbeitsschutzbehörden und der Berufsgenossenschaften. Eine evtl. darauf gerichtete Klage des Beschäftigten vor dem Arbeitsgericht wäre erfolglos.

5.15.1 Vorschlagsrechte der Beschäftigten im Arbeitsschutzgesetz

Nach § 17 Abs. 1 **ArbSchG** sind die Beschäftigten berechtigt, dem Arbeitgeber **Vorschläge** zu allen Fragen der Sicherheit und des Gesundheitsschutzes bei der Arbeit zu **machen.** Diese Regelung korrespondiert mit § 89 Abs. 1 BetrVG, der dem Betriebsrat die Pflicht und das Recht gibt, allen Arbeitsschutzinstitutionen Anregungen, Beratungen und Auskünfte zuteil werden zu lassen. Das Vorschlagsrecht beinhaltet Fragen des technischen und sozialen Arbeitsschutzes, aber auch der organisatorischen Sicherstellung der Sicherheit und des Gesundheitsschutzes am Arbeitsplatz. Die Vorschläge können die Vereinfachung oder die Verbesserung des Arbeitsschutzes zum Ziel haben. Eine nähere Konkretisierung des Vorschlagsrechts nach § 17 ArbSchG kann im Rahmen des § 87 Abs. 1 Nr. 12 BetrVG erfolgen.

Eine besondere **Form** ist für Vorschläge nicht vorgeschrieben. Eine Schriftform muss nicht eingehalten werden. Das Recht kann **während der Arbeitszeit** ausgeübt werden, so dass der Zeitaufwand für den Vorschlag zu keiner Lohnsenkung für den Arbeitnehmer führen darf. Ergänzt wird § 17 ArbSchG durch § 82 Abs. 1 Satz 2 BetrVG; danach ist der Arbeitnehmer berechtigt, zu Maßnahmen des Arbeitgebers, die ihn betreffen, Stellung zu nehmen und Vorschläge für die Gestaltung des Arbeitsplatzes und Arbeitsablaufs zu machen. Losgelöst von der Frage, ob im Unternehmen ein Betriebsrat besteht, ist das Vorschlagsrecht der Beschäftigten stets ein Individualrecht.

5.15.2 Beschwerderechte der Beschäftigten im Arbeitsschutzrecht

Des weiteren steht den Beschäftigten nach § 17 Abs. 2 ArbSchG ein spezielles **Beschwerderecht** zu.

Sind Beschäftigte auf Grund **konkreter Anhaltspunkte** der Auffassung, dass die vom Arbeitgeber getroffenen Maßnahmen und bereitgestellten Mittel nicht ausreichen, um die Sicherheit und den Gesundheitsschutz bei der Arbeit zu gewährleisten, und hilft der Arbeitgeber darauf gerichteten Beschwerden von Beschäftigten nicht ab, können sich diese an die zuständige Behörde wenden. Hierdurch dürfen den Beschäftigten **keine Nachteile** entstehen. Im Übrigen folgt die Regelung der arbeits- und verwaltungsgerichtlichen Rechtsprechung, wonach die Beschäftigten, bevor sie sich an die Aufsichtsbehörde wenden, zuerst beim Arbeitgeber um Abhilfe nachzusuchen haben.

5.15.3 Das Recht zum Verlassen des Arbeitsplatzes nach dem Arbeitsschutzgesetz

Ein weiteres Arbeitnehmer-Recht findet sich schließlich noch außerhalb des 3. Abschnitts des ArbSchG (§§ 15 ff.). Das Recht auf **sofortiges Verlassen des Arbeitsplatzes** ist an etwas versteckter Stelle in § 9 Abs. 3 ArbSchG als Arbeitgeberpflicht geregelt: Der Arbeitgeber hat Maßnahmen zu treffen, die es den Beschäftigten bei unmittelbarer erheblicher Gefahr ermöglichen, sich durch sofortiges Verlassen der Arbeitsplätze in Sicherheit zu bringen; den Beschäftigten dürfen hierdurch keine Nachteile entstehen. Hierdurch wird dem Arbeitnehmer ein **Recht zur Arbeitseinstellung** zugebilligt, wenn auch dieses Recht als Arbeitgeberpflicht in § 9 Abs. 3 ArbSchG „getarnt" ist. Zum **„Ermöglichen"** des Verlassens des Arbeitsplatzes gehört es auch, keinen psychischen Druck auf den Beschäftigten dahingehend auszuüben, nun doch am Arbeitsplatz zu verbleiben. Im Idealfall liegt ein Gleichklang der Feststellung, dass eine Gefahr gegeben und der Arbeitsplatz zu räumen ist, zwischen Arbeitgeber und Beschäftigten vor.

5.16 Sanktionen

Das Arbeitsschutzgesetz und die daraus abgeleiteten Verordnungen setzen auf ein vernünftiges Miteinander in der betrieblichen Praxis bei der Verwirklichung von Sicherheit und Gesundheitsschutz am Arbeitsplatz. Daher wird mit dem Instrument der Sanktion, sei es mit dem **Ordnungswidrigkeitenrecht, sei** es mit dem **Strafrecht,** sehr behutsam umgegangen. Trotz der umfänglichen Pflichtenkataloge enthalten nicht alle Regelungssysteme Sanktionsnormen. So verzichten z. B. die Lastenhandhabungsverordnung und die PSA-Benutzungsverordnung völlig auf jegliche Art von Strafandrohung.

5.16.1 Ordnungswidrigkeiten nach dem Arbeitsschutzgesetz

Die **Generalklausel** des Ordnungswidrigkeitenrechts stellt § 25 ArbSchG dar. Danach sind im wesentlichen zwei Sachverhalte bußgeldbewehrt. So handelt nach § 25 Abs. 1 Ziffer 1 ArbSchG ordnungswidrig, wer vorsätzlich oder fahrlässig einer Rechtsverordnung nach § 18 Abs. 1 oder § 19 ArbSchG zuwiderhandelt, soweit sie für einen bestimmten Tatbestand auf diese Bußgeldvorschrift verweist. § 25 Abs. 1 enthält verschiedene Bußgeldtatbestände, die jeweils vorsätzlich oder fahrlässig verwirklicht werden können:

- § 25 **Abs. 1 Nr. 1:** Zuwiderhandeln gegen eine Rechtsverordnung nach § 18 Abs. 1 oder § 19, soweit diese für einen bestimmten Bußgeldtatbestand auf § 25 verweist;
- § 25 **Abs. 1 Nr. 2 Buchst. a:** Zuwiderhandeln eines Arbeitgebers oder einer sonstigen verantwortlichen Person gegen eine vollziehbare Anordnung nach § 22 Abs. 3;
- § 25 **Abs. 1 Nr. 2 Buchst. b:** Zuwiderhandeln eines Beschäftigten gegen eine vollziehbare Anordnung nach § 22 Abs. 3 Satz 1 Nr. 1.

Während § 25 Abs. 1 Nr. 2 mit Blick auf die unterschiedlichen Bußgeldrahmen nach Abs. 2 hinsichtlich der Person des Täters differenziert, ist der Bußgeldtatbestand des § 25 Abs. 1 Nr. 1 für Arbeitgeber bzw. verantwortliche Personen sowie für Beschäftigte einheitlich. Der mögliche Täterkreis ergibt sich hier aus der Regelung der verletzten Pflicht in der betroffenen Rechtsverordnung.

5.16.2 Ordnungswidrigkeiten nach der Baustellenverordnung

Eine Bezugnahme auf die Bußgeldvorschrift des § 25 Abs. 1 Ziffer 1 ArbSchG enthält § 7 Abs. 1 der **BaustellV** Danach handelt ordnungswidrig im Sinne des Arbeitsschutzgesetzes, wer vorsätzlich oder fahrlässig der zuständigen Behörde eine Vorankündigung nicht, nicht richtig, nicht vollständig oder nicht rechtzeitig übermittelt oder nicht dafür sorgt, dass vor Einrichtung der Baustelle ein Sicherheits- und Gesundheitsschutzplan erstellt wird. Abs. 1 Nr. 1 ahndet **fahrlässige oder vorsätzliche Verstöße** im Zusammenhang mit der **Vorankündigung** als Ordnungswidrigkeiten. Durch den Verweis auf § 25 Abs. 1 Nr. 1 ArbSchG kann die Geldbuße gemäß § 25 Abs. 2 ArbSchG bis zu fünftausend Euro betragen. Adressat ist nur der zu dieser Anzeige Verpflichtete, also der Bauherr oder sein von ihm nach § 4 BaustellV mit dieser Aufgabe Beauftragter.

Nach einem anfänglichen „Mut zur Lücke" beim Ausfüllen der Anzeige ist dann zu überlegen, ob und wie oft die Vorankündigung wegen erheblicher Änderungen gemäß § 2 Abs. 1 BaustellV anzupassen ist. Diese **Pflicht zur Aktualisierung** ist jedoch **nicht bußgeldbewehrt,** also seitens einer Behörde kaum durchsetzbar.

5.16.3 Ordnungswidrigkeiten nach der Betriebssicherheitsverordnung

Einen umfänglichen Owi-Katalog, der ebenfalls auf § 25 Abs. 1 Ziff. 1 ArbSchG verweist, enthält die BetrSichV. Danach handelt gemäß § 25 Abs. 1 **BetrSichV** ordnungswidrig im Sinne des ArbSchG, wer vorsätzlich oder fahrlässig

- nicht sicherstellt, dass die Arbeitsmittel geprüft werden,
- ein Arbeitsmittel nicht oder nicht rechtzeitig prüfen lässt oder
- ein Arbeitsmittel einer außerordentlichen Überprüfung nicht oder nicht rechtzeitig unterzieht.

Ordnungswidrig im Sinne des § 19 Abs. 1 Nr. l Buchstabe b des **Geräte- und Produktsicherheitsgesetzes [GPSG]** handelt gemäß § 25 Abs. 2 BetrSichV ferner, wer vorsätzlich oder fahrlässig

- eine Mitteilung nicht, nicht richtig, nicht vollständig oder nicht rechtzeitig macht oder
- eine Anzeige nicht, nicht richtig, nicht vollständig oder nicht rechtzeitig erstattet.

Ordnungswidrig im Sinne des § 19 Abs. 1 Nr. 1 Buchstabe a des **Geräte- und Produktsicherheitsgesetzes [GPSG]** handelt gemäß § 25 Abs. 3 BetrSichV schließlich, wer vorsätzlich oder fahrlässig

a. eine überwachungsbedürftige Anlage

  - entgegen § 12 Abs. 5 betreibt oder
  - entgegen § 14 Abs. 1 oder 2 oder § 15 Abs. 20 in Betrieb nimmt,

b. ohne Erlaubnis nach § 13 Abs. 1 Satz 1 eine dort genannte Anlage betreibt,
c. entgegen § 15 Abs. 1 Satz 1 eine überwachungsbedürftige Anlage oder einen Anlagenteil nicht, nicht richtig, nicht vollständig oder nicht rechtzeitig prüft oder
d. entgegen § 16 Abs. 3 eine vollziehbar angeordnete Prüfung nicht oder nicht rechtzeitig veranlasst.

Abs. 1 enthält die üblichen Bußgeldsanktionen bei Verstoß gegen wesentliche Arbeitgeberpflichten der Verordnung. Absätze 2 und 3 enthalten Bußgeldsanktionen für den Fall des Verstoßes gegen wesentliche Betreiberpflichten.

Bußgeldbewehrt ist jeweils sowohl **vorsätzliches,** als auch **fahrlässiges** Handeln. In der Konsequenz wird dann lediglich hinsichtlich der Bußgeldhöhe zwischen den beiden Formen der Tatbegehung unterschieden.

5.16.4 Ordnungswidrigkeiten nach der Bildschirmarbeitsverordnung

Nach § **7 BildscharbV** handelt ordnungswidrig im Sinne des § 25 Abs. 1 Ziffer 1 des Arbeitsschutzgesetzes, wer vorsätzlich oder fahrlässig entgegen § 6 Abs. 1 Satz 1 der BildscharbV die dort bezeichneten Untersuchungen nicht oder nicht rechtzeitig anbietet. **Bußgeldbewehrt** im Rahmen der BildscharbV ist damit lediglich das Versäumnis eines Arbeitgebers, der seinen Beschäftigten die Untersuchung der Augen und des Sehvermögens nicht angeboten hat. Nach § 25 Abs. *2* ArbSchG ist dieser Verstoß mit Geldbuße in Höhe von max. 5.000 Euro bedroht.

Bei festgestellten Mängeln der Arbeitsplatzgestaltung kann jedoch, die **Überwachungsbehörde** (Gewerbeaufsichtsamt/Amt für Arbeitsschutz) Maßnahmen auf der Grundlage von § *22* Abs. *3* ArbSchG anordnen und mit den einschlägigen Vollstreckungsmitteln wie Zwangsgeld und Ersatzvornahme durchsetzen.

5.16.5 Ordnungswidrigkeiten nach der Biostoffverordnung

Der insgesamt sechzehn verschiedene Einzeltatbestände umfassende Ordnungswidrigkeiten-Katalog des § **18 BioStoffV** knüpft ebenfalls an § *25* Abs. 1 Ziffer 1 ArbSchG an. Im einzelnen werden als Ordnungswidrigkeiten angesehen Defizite im Bereich der **Gefährdungsbeurteilung,** der **Hygiene** bei persönlichen Schutzausrüstungen, der **Unterweisung** der Mitarbeiter, sowie überall dort, wo der Verordnungsgeber **Dokumentations-, Unterrichtungs- und Aufbewahrungspflichten** vorgesehen hat. Auch Unterlassungen im Zusammenhang mit den arbeitsmedizinischen **Vorsorgeuntersuchungen** werden als Ordnungswidrigkeiten gewertet. Hinsichtlich der PSA-Benutzung bleibt mithin als Zwischenergebnis festzuhalten, dass Unterlassungen des Arbeitgebers nur im Zusammenhang mit biologischen Arbeitsstoffen, nicht aber in allen übrigen Wirtschafts- und Produktionsbereichen geahndet werden.

5.16.6 Ordnungswidrigkeiten nach der Gefahrstoffverordnung

Das Ordnungswidrigkeitenrecht zur GefahrstoffV (§§ 23-25) umfasst insgesamt 45(!) verschiedene Formen der Tatbegehung und leitet sich durchweg aus den Vorschriften des Chemikaliengesetzes ab (§ *26* Abs. 1 Nrn. 5-8).

5.16.7 Ordnungswidrigkeiten nach der Lärm- und Vibrations-Arbeitsschutzverordnung

Insgesamt dreizehn Positionen umfasst der Ordnungswidrigkeiten-Katalog nach § 16 Abs. 1 der **LärmVibrationsArbSchV** Die Liste reicht von der unterlassenen Expositionsermittlung und -bewertung (§ 3 Abs. 1 Satz 2) bis hin zum Tätig-werden-lassen **ohne** vorherige arbeitsmedizinische **Vorsorgeuntersuchung** (§ 14 Abs. 2).

5.16.8 Ordnungswidrigkeiten nach der Mutterschutz-Richtlinienverordnung

Auch § 6 Abs. 1 der **MuSchRiV** nimmt Bezug auf das Arbeitsschutzgesetz. Danach handelt ordnungswidrig im Sinne des § 25 Abs. 1 Ziffer 1 des Arbeitsschutzgesetzes, wer vorsätzlich oder fahrlässig entgegen § 2 der Verordnung eine werdende oder stillende Mutter **nicht**, nicht richtig oder nicht vollständig **unterrichtet**.

5.16.9 Höhe der Geldbußen

Die vorstehend angeführten Sachverhalte nehmen hinsichtlich der Bußgeldhöhe keine eigenen Regelungen vor. Hier greift einheitlich die Vorschrift des § *25* Abs. *2, 1.* Halbsatz ArbSchG, wonach entsprechende Zuwiderhandlungen mit einer **Geldbuße** bis zu 5.000,00 EURO geahndet werden können.

5.16.10 Verstöße gegen behördliche Anordnungen

Die zweite Variante des § *25* Abs. 1 ArbSchG bedroht denjenigen mit Geldbuße, der als Arbeitgeber, als verantwortliche Person oder als Beschäftigter einer **vollziehbaren Anordnung** nach § *22* Abs. *3* ArbSchG **zuwiderhandelt.** Nach § *22* Abs. *3* ArbSchG kann die zuständige Behörde im Einzelfall anordnen,

- welche Maßnahmen der Arbeitgeber und die verantwortlichen Personen oder die Beschäftigten zur Erfüllung der Pflichten zu treffen haben, die sich aus diesem Gesetz und den auf Grund dieses Gesetzes erlassenen Rechtsverordnungen ergeben,
- welche Maßnahmen der Arbeitgeber und die verantwortlichen Personen zur Abwendung einer besonderen Gefahr für Leben und Gesundheit der, Beschäftigten zu treffen haben.

Das ArbSchG sieht hier eine Geldbuße von - ebenfalls 5.000,00 EURO vor, wenn sich der Beschäftigte rechtswidrig verhält. **Arbeitgebern und verantwortlichen Personen** drohen 25.000,00 EURO **Geldbuße.**

5.16.11 Strafen bei „beharrlicher“ Wiederholung und Lebensgefahr

Die **Strafvorschriften** des § 26 ArbSchG richten sich **ausschließlich gegen Arbeitgeber** und die von ihnen eingesetzten verantwortlichen Personen. So wird mit Freiheitsstrafe bis zu einem Jahr oder mit Geldstrafe bestraft, wer beharrlich gegen die bußgeldbewehrten Tatbestände aus den Rechtsverordnungen verstößt. Der Begriff **„beharrlich"** bezeichnet eine in der Tatbegehung zum Ausdruck kommende besondere Hartnäckigkeit. Die damit erkennbare gesteigerte Gleichgültigkeit des Täters gegenüber dem gesetzlichen Verbot indiziert zugleich die Gefahr weiterer Rechtsbrüche. Von Beharrlichkeit kann ausgegangen werden, wenn aus der erneuten Zuwiderhandlung eine rechtsfeindliche Einstellung des Täters gegenüber den arbeitsschutzrechtlichen Vorgaben ersichtlich wird. Das wird in der Regel der Fall sein, wenn die Zuwiderhandlung trotz einer früheren Ahndung, Abmahnung oder einer sonstigen hemmend wirkenden Erfahrung oder Erkenntnis erfolgt. Für ein beharrliches Wiederholen genügt ein einmaliges Zuwiderhandeln nicht. Ob Beharrlichkeit vorliegt, ergibt sich vielmehr aus einer Gesamtwürdigung, bei der auch frühere gleichartige oder ähnliche Handlungen zu berücksichtigen sind. Aus dem Begriff „beharrlich" wird deutlich, dass nur vorsätzliches Handeln des Täters relevant ist.

Des weiteren hat mit 1 Jahr Freiheitsstrafe oder Geldstrafe zu rechnen, wer durch den vorsätzlichen Verstoß gegen eine behördliche Anordnung Leben und Gesundheit eines Beschäftigten gefährdet.

Das Schema der Möglichkeiten zur Begehung von Straftaten nach dem Arbeitsschutzgesetz stellt sich demnach wie folgt dar:

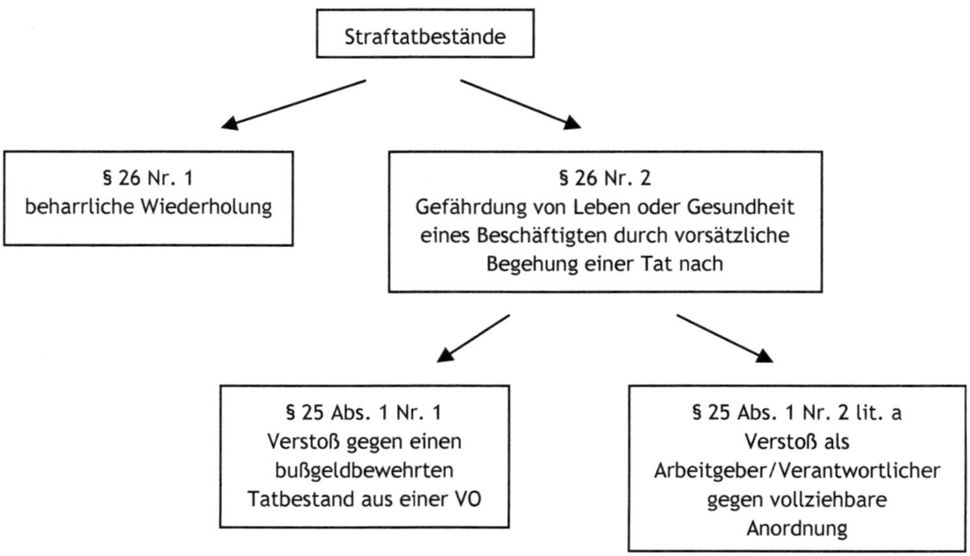

5.16.12 Geld- und Freiheitsstrafen nach der Baustellenverordnung

Der Sachverhalt gemäß § 7 Abs. 1 der **BaustellV** zieht 1 Jahr Freiheitsstrafe oder Geldstrafe nach sich, wenn er - vorsätzlich begangen - **Leben** und **Gesundheit** eines Beschäftigten **gefährdet** (§ 7 Abs. 2 BaustellenVO i. V. m. § 26 Ziffer 2 ArbSchG).

5.16.13 Strafen nach der Betriebssicherheitsverordnung

Die Straf-Sanktion aus der **Betriebssicherheitsverordnung** findet sich im § 26. Danach ist, wer durch eine in § 25 Abs. 1 der Betriebssicherheitsverordnung bezeichnete vorsätzliche Handlung Leben oder Gesundheit eines Beschäftigten gefährdet, ist nach § 26 Nr. 2 des Arbeitsschutzgesetzes strafbar. Wer eine in § 25 Abs. 3 der Betriebssicherheitsverordnung bezeichnete Handlung beharrlich wiederholt oder durch eine solche Handlung **Leben oder Gesundheit** eines anderen oder **fremde Sachen** von **bedeutendem Wert** gefährdet, ist nach § 17 des Gerätesicherheitsgesetzes strafbar.

5.16.14 Geld- und Freiheitsstrafen nach der Biostoffverordnung

Gemessen an dem Ordnungswidrigkeiten-Katalog des § 18 Abs. 1 **BioStoffV** ist der Umfang der Strafvorschriften vergleichsweise schlicht bemessen. Nach § 18 Abs. 2 i. V. m. § 26 Ziffer 2 ArbSchG macht sich derjenige **strafbar,** der durch eine der sechzehn Unterlassungen des OWi-Kataloges **Leben oder Gesundheit eines Beschäftigten** gefährdet. Die Vorschrift entspricht im übrigen nicht nur hinsichtlich der Tatbestandsvoraussetzungen, sondern auch in puncto Strafrahmen der Baustellenverordnung.

5.16.15 Strafen nach der Gefahrstoffverordnung

Die Strafvorschriften der **GefahrstoffV** (§ 25 Abs. 2 und § 26) nehmen - wie schon die Ordnungswidrigkeiten - ebenfalls auf das Chemikaliengesetz (§ 27) Bezug. Nach § 25 Abs. 2 GefahrstoffV macht sich strafbar, wer durch eine Tat nach Abs. 1 das **Leben oder die Gesundheit** eines anderen oder fremde **Sachen von bedeutendem Wert** gefährdet.

5.16.16 Strafen nach der Lärm- und Vibrations-Arbeitsschutzverordnung

Die Strafbarkeitsregelung aus § 16 Abs. 2 der **LärmVibrationenArbSchV** entspricht dem gängigen Muster wie es sich z. B. auch in der Baustellen- und der Betriebssicherheitsverordnung findet. Wer durch eine in § 16 Abs. 1 bezeichnete vorsätzliche Handlung das Leben oder die Gesundheit eines Beschäftigten gefährdet, ist nach § 26 Nr. 2 des Arbeitsschutzgesetzes strafbar, § 16 Abs. 2.

5.16.17 Geld- und Freiheitsstrafen nach der Mutterschutzrichtlinienverordnung

Straftatbestände enthält schließlich noch die **MuSchRiV** (§ 6 Abs. 4 und 5). Die Strafbarkeit und der **Strafrahmen** leiten sich jedoch nicht aus dem Arbeitsschutzgesetz, sondern aus dem **Mutterschutzgesetz** und aus dem **Chemikaliengesetz** ab.

5.17 Übertragung von Aufgaben/Beauftragung

Arbeitsschutz, dies macht das auf europäischen Fundamenten beruhende Regelsystem deutlich, ist zwar „Chefsache", aber deswegen noch lange keine „Ein-Mann-Veranstaltung". Die Übertragung von Aufgaben ist daher auch im Arbeitsschutzrecht zulässig und regelungsbedürftig.

5.17.1 Aufgabenübertragung nach dem Arbeitsschutzgesetz

Regelungen zur verantwortlichen Aufgabenübertragung und -übernahme enthalten die §§ 13 und 7 des **Arbeitsschutzgesetzes.** Für die Einhaltung der Arbeitsschutzbestimmungen im Betrieb ist der Arbeitgeber verantwortlich. Er hat grundsätzlich die ihm obliegenden Pflichten selbst zu erfüllen. Weil insbesondere in größeren Betrieben der Arbeitgeber nicht immer greifbar ist, ist es zweckmäßig, wenn die öffentlich-rechtlichen Arbeitsschutzpflichten des Arbeitgebers neben diesem auch von den Personen verantwortlich wahrgenommen werden, die den Ablauf der Arbeit tatsächlich bestimmen und in den Arbeitsprozess eingreifen können.

§ 13 Abs. 1 nennt als solche Personen **Personen in leitender Stellung** (Absatz 1 Nr. 4) oder Personen, die ganz bestimmte übertragene Aufgaben wahrnehmen (Absatz 1 Nr. 5 i. V. m. Absatz 2), außerdem diejenigen, die **kraft Gesetzes oder Gesellschaftsvertrages** zur Vertretung des Arbeitgebers befugt sind (Absatz 1 Nrn. 1 bis 3). In allen Fällen wird die Verantwortlichkeit des Arbeitgebers nicht ausgeschlossen. Die Vorschrift dient einem effektiven betrieblichen Arbeitsschutz, indem sie es den Behörden ermöglicht, gegenüber diesen Personen Anordnungen zur Erfüllung der öffentlich-rechtlichen Arbeitsschutzvorschriften vor Ort treffen zu können. Dies entspricht gleichzeitig Artikel 4 Abs. 2 der Rahmenrichtlinie, der die Mitgliedstaaten zu einer angemessenen Kontrolle und Überwachung verpflichtet.

Insoweit reichen die nach § **9 Abs.** 2 **Ordnungswidrigkeitengesetz und** § **14 Abs.** 2 **Strafgesetzbuch** bestehenden Sanktionsmöglichkeiten gegenüber den den Arbeitgeber vertretenden oder von ihm beauftragten Personen, die unberührt bleiben, nicht aus, da die materiellen Arbeitsschutzvorschriften nur in wenigen Fällen bußgeld- oder strafbewehrt sind. Vergleichbare Vorschriften im geltenden Recht befinden sich z. B. in § 19 Sprengstoffgesetz und § 58 Bundesberggesetz. § 13 Abs. 2 ArbSchG stellt klar, dass der Arbeitgeber die Möglichkeit hat, ihm obliegende Arbeitsschutzpflichten auf zuverlässige und fachkundige Personen zur Wahrnehmung in eigener (öffentlich-rechtlicher) Verantwortung zu übertragen. Von dieser Möglichkeit, die im berufsgenossenschaftlichen Recht z. B. in § 13 der Unfallverhütungsvorschriften BGV A 1 „Grundsätze der Prävention" enthalten ist, wird in der Praxis vielfach Gebrauch gemacht. § 13 BGV A 1 entspricht inhaltlich weitgehend der Vorschrift des ArbSchG.

Die **Anforderungen an die Pflichtenübertragung nach** § **13 BGV A 1** stimmen mit § 13 Abs. 2 ArbSchG weitgehend überein. § 13 S. 1 BGV A 1 verlangt ebenso wie § 13 Abs. 2 eine schriftliche Beauftragung. Die schriftliche Beauftragung muss den **Verantwortungs-**

bereich und die **Befugnisse festlegen** und von dem Beauftragten unterzeichnet werden (§ 13 S. 2 BGV A 1). Der Unternehmer muss dem Beauftragten eine Ausfertigung der Beauftragung aushändigen (§ 13 S. 3 BGV A 1). Um dem Unternehmer die Einhaltung dieser formellen Anforderungen zu erleichtern, haben die Unfallversicherungsträger ein Merkblatt für die Bestätigung der Übertragung von Unternehmerpflichten (BGI 507) sowie ein entsprechendes **Formularmuster** (BGI 508) herausgegeben.

§ 7 ArbSchG setzt entsprechende Vorgaben der europäischen Rahmenrichtlinie um. Können Arbeiten nur bei Beachtung bestimmter Schutzmaßnahmen ohne gesundheitliche Beeinträchtigungen verrichtet werden, gehört die Eignung der betreffenden Arbeitnehmer für die Durchführung dieser Maßnahmen zu den Arbeitsschutzanforderungen bei einer solchen Arbeit. Die Vorschrift verpflichtet daher den Arbeitgeber, bei der Übertragung von Arbeiten auch darauf zu achten, dass die Beschäftigten körperlich (z. B. Hör- oder Sehfähigkeit) und geistig (z. B. Auffassungsgabe) in der Lage sind, die für die Arbeiten maßgeblichen Schutzvorschriften und angeordneten Schutzmaßnahmen zu erfassen und durchzuführen.

Organisationsschema (Muster)

Für die Struktur der betrieblichen Verantwortungsdelegation kann das nachstehende Schema beispielhaft herangezogen werden.

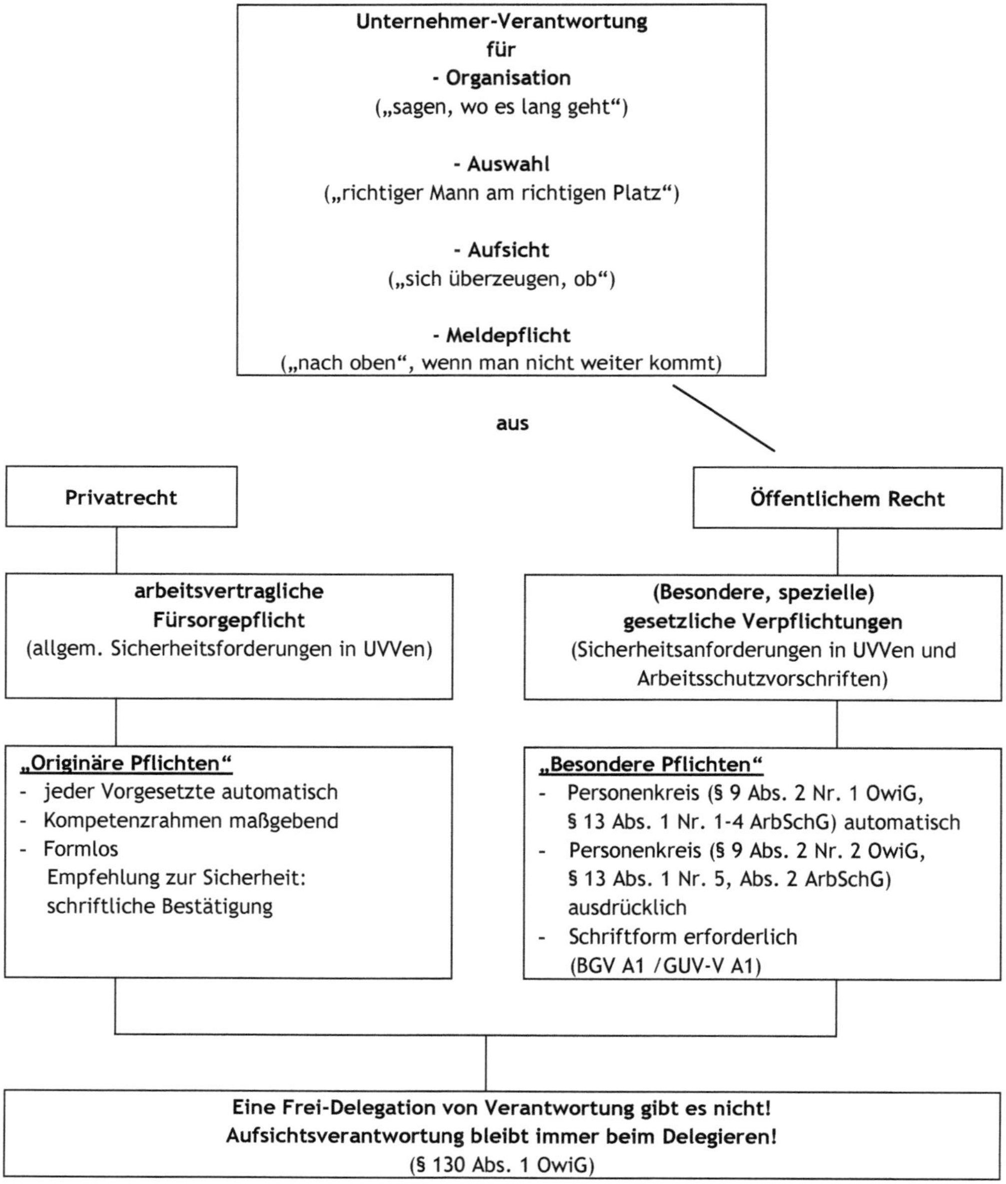

5.17.2 Aufgabenübertragung nach der Baustellenverordnung

Eine weitere Beauftragungsregelung enthält § 4 der BaustellV. § 4 legt fest, wer die in § 2 aufgeführten Pflichten zu erfüllen hat und wer den oder die Koordinatoren nach § 3 zu bestellen hat. Dies ist zunächst der Bauherr als Veranlasser des Bauvorhabens. Der Bauherr kann allerdings auch einen Dritten damit beauftragen, diese Maßnahmen in eigener Verantwortung zu treffen. Soweit die Beauftragung reicht, ist dann ausschließlich der Dritte für die Durchführung der Maßnahmen verantwortlich. Beschäftigte eines Bauherrn, die im Rahmen ihres Arbeitsvertrages diese Aufgaben für den Bauherrn wahrnehmen, sind grundsätzlich keine Dritten.

Die Möglichkeit, Pflichten mit befreiender Wirkung für den Bauherrn auf eine andere Person übertragen zu können, trägt z. B. der Tatsache Rechnung, dass in der heutigen Praxis viele Bauherren sogenannte **Baubetreuungsverträge** und Funktionalausschreibungen i. S. von § 9 Nr. 10 bis 12 VOB/A mit Unternehmen abschließen. Diese Unternehmen nehmen den Bauherren Vorbereitung und Errichtung der baulichen Anlage ab. Dann ist es auch konsequent, wenn ein solches Unternehmen den Bauherrn auch von seinen Pflichten nach der Baustellenverordnung entlasten kann.

Bei der in § 4 angesprochenen Verantwortung handelt es sich um die öffentlich-rechtliche Verantwortung, also um die Verantwortung des Bürgers gegenüber dem Staat. Eine Regelung der zivilrechtlichen Haftung wird nicht getroffen. Zivilrechtliche Haftungsregelungen bleiben daher durch die Verordnung unberührt.

5.17.3 Aufgabenübertragung nach der Gefahrstoffverordnung

Gemäß § 7 Abs. 7 der GefahrstoffV darf die Gefährdungsbeurteilung nur von fachkundigen Personen durchgeführt werden. Verfügt der Arbeitgeber nicht selbst über die entsprechenden Kenntnisse, so hat er sich fachkundig beraten zu lassen. Fachkundige Personen sind insbesondere der Betriebsarzt und die Fachkraft für Arbeitssicherheit. Diese Regelung übernimmt die Vorgaben aus dem Arbeitssicherheitsgesetz, die Modelle zur Kleinbetriebsbetreuung aus den Unfallverhütungsvorschriften und konkretisiert dies für den Gefahrstoffbereich.

Wesentliche Entscheidungen und Regelungen werden unmittelbar an die Gefährdungsbeurteilung angebunden. Dies erfordert ein Mindestmaß an Fachkenntnis, da Fehlentscheidungen direkt zur erheblichen Gesundheitsgefährdung für die Beschäftigten führen. Satz 3 stellt klar, dass der Betriebsarzt und die Fachkraft für Arbeitssicherheit fachkundige Personen i. S. d. Satzes 2 sind. Sofern diese nach dem Arbeitssicherheitsgesetz bestellt sind, soll die Beratung sowohl durch den Betriebsarzt als auch durch die Fachkraft für Arbeitssicherheit erfolgen.

5.17.4 Aufgabenübertragung nach der Lärm- und Vibrationsarbeitsschutzverordnung

An die Regelungen im Gefahrstoffrecht schließt auch das Regelwerk der Beauftragungen/Aufgabenübertragungen im Bereich „Lärm und Vibrationen" an. Die Regelungen die hierzu insbesondere in § 5 Satz 1 und 2 getroffen wurden, lassen die notwendige Klarheit leider vermissen. Nach der **„Fachkunde"-Regelung** aus § 5 LärmVibrationsArbSchV hat der Arbeitgeber sicher zu stellen, dass die Gefährdungsbeurteilung nur von fachkundigen Personen durchgeführt wird. Verfügt der Arbeitgeber nicht selbst über die entsprechenden Kenntnisse, hat er sich **fachkundig beraten** zu lassen. Fachkundige Personen sind insbesondere der **Betriebsarzt** und die **Fachkraft für Arbeitssicherheit.** Die Zusammenfassung von Satz 1 und Satz 2 kann sinnvollerweise nur zu dem Ergebnis führen, dass die Beratung (Satz 2), die der Arbeitgeber sich im Falle eigener Unkenntnis zum Thema „Lärm und Vibrationen" angedeihen lässt nur dahingehend verläuft, dass er selbst die Finger davon lässt und - gemäß Satz 1 - nur eine fachkundige Person damit betraut. Für diese Interpretation spricht auch die Tatsache, dass vielfach **Gefährdungsbeurteilungen nicht ohne Messungen** möglich sind. Im Falle, dass Messungen notwendig werden, ist der Verordnungstext dagegen wieder eindeutig (§ 5 Satz 4): Der Arbeitgeber darf mit der Durchführung von Messungen **nur Personen beauftragen,** die **über** die dafür notwendige **Fachkunde** und die erforderlichen **Einrichtungen verfügen.**

Deutlich und unmissverständlich sind dagegen die Beauftragungsvorschriften in § 13 Abs. 4 der LärmVibrationsArbSchV. Der Arbeitgeber hat die Durchführung der arbeitsmedizinischen Vorsorgeuntersuchungen durch Beauftragung eines Arztes sicherzustellen. Es dürfen nur Ärzte beauftragt werden, die Fachärzte für Arbeitsmedizin sind oder die Zusatzbezeichnung Betriebsmedizin führen. Der beauftragte Arzt hat für arbeitsmedizinische Vorsorgeuntersuchungen, die besondere Fachkenntnis oder eine spezielle Ausrüstung erfordern, Ärzte hinzuziehen, die diese Anforderungen erfüllen. Ist ein Betriebsarzt nach § 2 des Arbeitssicherheitsgesetzes bestellt, soll der Arbeitgeber vorrangig diesen auch mit den speziellen Vorsorgeuntersuchungen beauftragen.

5.17.5 Aufgabenübertragung nach der Lastenhandhabungsverordnung

Während bei der Beurteilung nach §§ 13 und 7 ArbSchG mehr die geistige Leistungsfähigkeit des Vertreters im Vordergrund steht, ist es bei der Aufgabenübertragung nach § 3 der **Lastenhandhabungsverordnung** eindeutig die körperliche Belastbarkeit. So hat der Arbeitgeber bei der Übertragung von Aufgaben der manuellen Handhabung von Lasten, die für die Beschäftigten zu einer Gefährdung für Sicherheit und Gesundheit führen, die **körperliche Eignung** der Beschäftigten zur Ausführung der Aufgaben zu berücksichtigen. § 3 soll ein Restrisiko für Sicherheit und Gesundheit abdecken. Manche Lasten müssen doch manuell gehandhabt werden, da trotz Gefährdungsbeurteilung keine technischen Hilfsmittel Verwendung finden können. Als Beispiel sei das Ein- und Ausladen von Gepäckstücken in engen Flugzeugrümpfen genannt.

Beauftragt nun ein Arbeitgeber Beschäftigte mit einer solchen Tätigkeit, so hat er Rücksicht auf ihre körperliche Eignung zu nehmen. Dabei sind nicht nur Alter und Geschlecht, sondern auch Geübtheit, körperliche Konstitution und aktueller Gesundheitszustand von Bedeutung. Zu einer individuellen Bewertung sollte der Betriebsarzt zugezogen werden.

Besondere Anforderungen gelten für **Jugendliche** wegen der noch reduzierten Belastbarkeit der Wirbelsäule (§ 22 JArbSchG) und für Frauen aus gynäkologischen Gründen zum Schutz der Beckenbodenmuskulatur. Für werdende Mütter ist das regelmäßige bzw. gelegentliche Heben, Bewegen oder Befördern von Lasten untersagt, wenn deren Gewicht mehr als 5 kg bzw. 10 kg beträgt (§ 4 MuSchG).

Abb. Richtwerte für die manuelle Lastenhandhabung

Lebensalter	**Häufigkeit des Hebens und Tragens**			
	gelegentlich		**häufig**	
	Zumutbare Last in kg			
	Frauen	Männer	Frauen	Männer
15 - 18	15	35	10	20
19 - 45	15	55	10	20
Älter als 45	15	45	10	25

Gelegentlich = weniger als zweimal/Stunde und maximal 3-4 Schritte mit Last

Häufig = mehr als zwei- bis dreimal je Stunde und/oder längere Wegstrecke mit mehr als 10 Schritten

5.17.6 Aufgabenübertragung nach der Mutterschutzrichtlinienverordnung

Die Regelung zur Aufgabenübertragung nach § 1 Abs. 3 der **MuSchRiV** ist angelehnt an § 13 Abs. 3 ArbSchG: Der Arbeitgeber kann zuverlässige und fachkundige Personen schriftlich damit beauftragen, ihm obliegende Aufgaben nach dieser Verordnung in eigener Verantwortung wahrzunehmen. Für die Einhaltung der Arbeitsschutzbestimmungen im Betrieb ist der Arbeitgeber verantwortlich. Er hat grundsätzlich die ihm obliegenden Pflichten selbst zu erfüllen. Das gilt auch für seine Beurteilungspflicht nach § 1 Abs. 1 und 2 der Mutterschutz-Richtlinienverordnung. Andererseits sind insbesondere kleine und mittelständische Betriebe hiermit häufig überfordert. Deshalb kann der Arbeitgeber nach § 1 Abs. 3 diese Verpflichtung - und ggfs. weitere Aufgaben nach dieser Verordnung - auf andere zuverlässige und fachkundige kundige Personen übertragen, die die Beurteilung in eigener (öffentlich-rechtlicher) Verantwortung vornehmen müssen. Bei den Arbeitsschutzpflichten wird diese Möglichkeit bereits vielfach praktisch genutzt. Die nach § 1 Abs. 3 notwendige **Schriftform** dient der rechtlichen Absicherung des Arbeitgebers und der beauftragten Person. Regelmäßig werden dabei auch die **Befugnisse und Kompetenzen** dieser Person **festgelegt.**

5.18 Unterrichtung

Das Arbeitsschutzrecht europäischen Zuschnitts kennt zwei Formen der Informationsweitergabe vom Arbeitgeber an die Beschäftigten: die **Unterrichtung** und die **Unterweisung.**

5.18.1 Unterrichtungsvorschriften im Arbeitsschutzgesetz

Im ArbSchG werden die privaten und öffentlichen Arbeitgeber verpflichtet, im Rahmen **koordinierter Tätigkeiten** die Beschäftigten über die damit einhergehenden Gefahren für die Sicherheit und Gesundheit zu unterrichten (§ 8 Abs. 1 Satz 2) und darüber hinaus über getroffene oder zu treffende Schutzmaßnahmen in Kenntnis zu setzen (§ 9 Abs. 2 Satz 1). § 9 Abs. 2 enthält weitere präventive Regelungen zum Umgang mit qualifizierten Gefahren. Der Arbeitgeber wird verpflichtet, Vorkehrungen zu treffen, dass alle Beschäftigten frühzeitig über solche Gefahren und mögliche Abwehr- und Selbsthilfemaßnahmen unterrichtet sind. Die Regelung enthält damit keine originäre Informationspflicht, sondern eine **Organisationspflicht,** eine rechtzeitige gefahrbezogene Unterrichtung sicherzustellen. Sie hat insoweit klarstellende Bedeutung, denn die allgemeine Organisationspflicht nach § 3 Abs. 2 umfasst bereits die Pflicht zur Organisation von Unterrichtungen und Unterweisungen.

§ 9 Abs. 2 knüpft an die Struktur der in verschiedenen Normen kodifizierten Unterrichtungspflichten an, die jeweils auch auf das Verhalten in Gefahrensituationen abzielen. Die **allgemeine Unterrichtungspflicht** nach § 81 Abs. 1 Satz 2 BetrVG bzw. § 14 ArbSchG umfasst auch die Informationen „über die Maßnahmen und Einrichtungen zur Abwendung der Gefahren sowie der besonderen Schutzmaßnahmen bei Notfällen (§ 10 Abs. 2). Die Regelung in § 9 Abs. 2 Satz 1 bedeutet keine Verdoppelung von Informationspflichten, sondern eine sinnvolle **Klarstellung** und **Konkretisierung.** Zugleich schafft sie mit Hilfe von § 22 Abs. 3 Nr. 1 ArbSchG die Möglichkeit, Anordnungen der Aufsicht zur Gestaltung der Unterrichtung zu erlassen. Schließlich gehört sie zu den Rahmenvorschriften, die der Konkretisierung durch die Mitbestimmung des Betriebsrats nach § 87 Abs. 1 Nr. 7 BetrVG sowohl fähig als auch bedürftig sind.

Nach § 14 Abs. 1 ArbSchG sind die **Beschäftigten des öffentlichen Dienstes** vor Beginn der Beschäftigung und bei Veränderungen in ihren Arbeitsbereichen über Gefahren für Sicherheit und Gesundheit, denen sie bei der Arbeit ausgesetzt sein können, sowie über die Maßnahmen und Einrichtungen zur Verhütung dieser Gefahren und die getroffenen Maßnahmen betreffend Erste Hilfe, Brandbekämpfung und Evakuierung der Beschäftigten zu unterrichten.

5.18.2 Unterrichtungsvorschriften in der Baustellenverordnung

Eine praktisch nur für die Privatwirtschaft relevante Unterrichtungsregelung enthält § 5 Abs. 2 der **BaustellV.** Danach haben die Arbeitgeber die Beschäftigten in verständlicher

Form und Sprache über die sie betreffenden Schutzmaßnahmen zu informieren. Angesichts der geradezu babylonischen Sprachenvielfalt auf Großbaustellen stellt sich besonders für kleine und mittlere Betriebe die Frage nach Umfang und Grenzen der **„Verständigungspflicht".** Dazu ist festzustellen, dass Arbeitsschutz nur funktionieren kann, wenn die Beschäftigten die Informationen, die sie zu ihrem Schutz erhalten, auch verstehen können. Dies gilt um so mehr, wenn Beschäftigte unterschiedlicher Nationalitäten tätig werden, wie dies auf einer Vielzahl von Baustellen der Fall ist. Aus diesem Grund haben die Arbeitgeber die Pflicht, die Beschäftigten in verständlicher Form und Sprache über die sie betreffenden Schutzmaßnahmen zu informieren. Dies erfordert aber nicht zwingend eine Übersetzung in die jeweilige Muttersprache der Beschäftigten. U. U. können auch **Piktogramme** reichen. Entscheidend ist der jeweilige Einzelfall.

5.18.3 Unterrichtungsvorschriften in der Betriebssicherheitsverordnung

In der **Betriebssicherheitsverordnung** sind die Unterrichtung und die Unterweisung unter § 9 der Verordnung zusammen gefasst. Nach § 9 Abs. 1 der Betriebssicherheitsverordnung hat bei der Unterrichtung der Beschäftigten nach § 81 des Betriebsverfassungsgesetzes und § 14 des Arbeitsschutzgesetzes der Arbeitgeber die erforderlichen Vorkehrungen zu treffen, damit den Beschäftigten

- angemessene Informationen, insbesondere zu den sie betreffenden Gefahren, die sich aus den in ihrer unmittelbaren Arbeitsumgebung vorhandenen Arbeitsmittel ergeben, auch wenn sie diese Arbeitsmittel nicht selbst benutzen, und
- soweit erforderlich, Betriebsanweisungen für die bei der Arbeit benutzten Arbeitsmittel

in für sie verständlicher Form und Sprache zur Verfügung stehen. Die Betriebsanweisungen müssen mindestens Angaben über die Einsatzbedingungen, über absehbare Betriebsstörungen und über die bezüglich der Benutzung des Arbeitsmittels vorliegenden Erfahrungen enthalten.

5.18.4 Unterrichtungsvorschriften in der Biostoffverordnung

Die **Unterrichtung** der Beschäftigten ist in § 12 der **BioStoffV** ebenso umfänglich wie **missverständlich geregelt.** Während in den Absätzen 1 und 4 tatsächlich nur die Unterrichtung vorgeschrieben wird, handelt Abs. 2 von der ebenso notwendigen **Unterweisung** unter den dort näher beschriebenen Umständen. § 12 Abs. 1 verpflichtet den Arbeitgeber zur Erstellung einer dort näher beschriebenen **Betriebsanweisung** auf der Basis der Gefährdungsbeurteilung. Diese Betriebsanweisung ist in einer für die Beschäftigten **verständlichen Form und Sprache abzufassen** und **an geeigneter Stelle** in der Arbeitsstätte bekanntzumachen und zur Einsichtnahme **auszulegen** oder auszuhändigen.

Die Betriebsanweisung muss nicht ausschließlich für biologische Arbeitsstoffe erstellt werden. Sie **kann** vielmehr auch **mit Anweisungen für andere Gefährdungen kombiniert werden,** sofern diese gleichzeitig gegeben sind. Werden an einem Arbeitsplatz z. B. neben Tätigkeiten mit biologischen Arbeitsstoffen auch Tätigkeiten mit Gefahrstoffen durchgeführt, kann eine **gemeinsame Betriebsanweisung** erstellt werden, in der sowohl auf die Gefahren im Umgang mit Gefahrstoffen als auch bei Tätigkeiten mit biologischen Arbeitsstoffen hingewiesen sowie auf die erforderlichen Maßnahmen eingegangen wird. Nach § 12 Abs. 4 sind die im Gefahrenbereich **Beschäftigten** und der Betriebs- oder Personalrat über **Betriebsstörungen,** die die Sicherheit oder Gesundheit der Beschäftigten gefährden können, und über Unfälle **unverzüglich** zu unterrichten.

Unterrichtungspflichten obliegen dem Arbeitgeber aber nicht nur im Verhältnis zu seinen Mitarbeitern, sondern in Konkretisierung des § 22 ArbSchG auch gegenüber den Behörden. So hat der **Arbeitgeber** nach § 16 Abs. 1 die **zuständige Behörde** auf deren Verlangen u. a. über die **Grundlagen** und das **Ergebnis seiner Gefährdungsbeurteilung,** die nach § 13 ArbSchG **verantwortlichen Personen** sowie Schutz- und Vorsorgemaßnahmen einschließlich der Betriebs- und Arbeitsanweisungen zu unterrichten.

5.18.5 Unterrichtungsvorschriften in der Gefahrstoffverordnung

Bei der **GefahrstoffV** geht die Begrifflichkeit zur „Unterrichtung" und „Unterweisung" etwas durcheinander. Nach § 14 Abs. 1 der GefahrstoffV stellt der Arbeitgeber sicher, dass den Beschäftigten eine schriftliche Betriebsanweisung, die der Gefährdungsbeurteilung Rechnung trägt, in für die Beschäftigten verständlicher Form und Sprache zugänglich gemacht wird. Die Betriebsanweisung muss die in Abs. 1 aufgeführten Daten enthalten. Neben der Unterrichtung der Mitarbeiter regelt die GefahrstoffV in § 19 auch die Unterrichtung der Behörden. Gemäß § 19 Abs. 1 der Verordnung hat der Arbeitgeber der zuständigen Behörde unverzüglich eine Mitteilung zu erstatten

- über jeden Unfall und jede Betriebsstörung, die bei Tätigkeiten mit Gefahrstoffen zu einer ernsten Gesundheitsschädigung der Beschäftigten geführt haben, oder
- über Krankheits- und Todesfälle, bei denen konkrete Anhaltspunkte für eine Verursachung durch die Tätigkeit mit Gefahrstoffen bestehen, mit der genauen Angabe der Tätigkeit und der Gefährdungsbeurteilung.

Lassen sich die für die Mitteilung erforderlichen Angaben gleichwertig aus Mitteilungen nach anderen Rechtsvorschriften entnehmen, kann die Mitteilungspflicht auch durch Übermittlung einer Durchschrift dieser Mitteilungen an die zuständige Behörde erfüllt werden. Absatz 1 entspricht weitgehend den Regelungen des § 16 der BioStoffV in einer für Gefahrstoffe angepassten Form.

Eine Mitteilung an die zuständige Behörde soll nicht nur im Falle von Vollbeweisen von Krankheits- oder Todesfällen erfolgen, sondern schon bei begründeten Anhaltspunkten für die Verursachung von Krankheiten oder Todesfällen, damit die zuständige Behörde rechtzeitig eingreifen kann (Primärprävention).

5.18.6 Unterrichtungsvorschriften in der Lärm- und Vibrations-Arbeitsschutzverordnung

Die Unterrichtungspflichten des Arbeitgebers aus der **LärmVibrationsArbSchV** wenden sich außer an den Arbeitnehmer besonders auch an den Arbeitsmediziner im Betrieb. Nach § 13 Abs. 4 Satz 5 der Verordnung sind, im Zusammenhang mit der arbeitsmedizinischen Vorsorge dem Arzt **alle erforderlichen Auskünfte über die Arbeitsplatzverhältnisse,** insbesondere über die Ergebnisse der Gefährdungsbeurteilung, zu erteilen und die **Begehung der Arbeitsplätze** zu ermöglichen. Ihm ist auf Verlangen auch **Einsicht in die Vorsorgekartei** nach Absatz 6 zu gewähren. Aus dem Rangverhältnis von Satz 5 zu Satz 6 im Abs. 4 wird deutlich, dass die betriebsrelevanten Auskünfte „ungefragt" zu erteilen sind, während **lediglich** der Blick in die **Vorsorgekartei „auf Nachfrage"** zu gewähren ist.

Unterrichtspflichten an verschiedene Adressaten, aber jeweils vom Betriebsarzt zu erfüllen, enthält § 13 Abs. 5 der LärmVibrationsArbSchV. Die Nrn. 2 und 3 enthalten **Unterrichtungspflichten** zugunsten der Mitarbeiter im Rahmen von bzw. im Nachgang zu arbeitsmedizinischen Vorsorgeuntersuchungen. So ist es Aufgabe des vom Arbeitgeber beauftragen Arbeitsmediziners, den Beschäftigten über den **Untersuchungsbefund zu** unterrichten (Nr. 2) sowie dem Beschäftigten eine Bescheinigung darüber auszustellen, ob und inwieweit gegen die Ausübung der Tätigkeit **gesundheitliche Bedenken** bestehen (Nr. 3).

Im Verhältnis zum Arbeitgeber ist der Arbeitsmediziner verpflichtet, im Falle einer Untersuchung nach § 14 Abs. 1 eine **Kopie der Bescheinigung** des Untersuchungsergebnisses nach Nummer 3 auszuhändigen, § 13 Abs. 5 Nr. 4. Halten im Falle des § 13 Abs. 5 Nr. 4 die untersuchte Person oder der Arbeitgeber das Untersuchungsergebnis für unzutreffend, entscheidet auf Antrag die zuständige Behörde, § 14 Abs. 5 Satz 4. Zuständig ist dabei, je nach Landesrecht, das örtliche Gewerbeaufsichtsamt bzw. das Amt für Arbeitsschutz.

Eine weitere Unterrichtungspflicht besteht im Verhältnis des Arbeitgebers zum Betriebs- oder Personalrat. § 14 Abs. 5 Satz 3 verpflichtet den Arbeitgeber zu einer **Mitteilung an die gewählten Arbeitnehmervertreter** immer dann, wenn er zur Abwendung weiterer Expositionen einem Mitarbeiter eine andere Tätigkeit zuweisen will. Da es sich lediglich um eine Unterrichtungspflicht handelt, scheiden - zumindest anhand dieser Vorschrift - weitere Anhörungs- oder gar Mitwirkungsrechte aus.

5.18.7 Unterrichtungsvorschriften in der Mutterschutzrichtlinienverordnung

Besonders umfängliche Unterrichtungspflichten treffen den Arbeitgeber nach § 2 der **MuSchRiV** So ist er verpflichtet, werdende oder stillende Mütter sowie die übrigen bei ihm beschäftigten Arbeitnehmerinnen und, wenn ein Betriebs- oder Personalrat vorhanden ist, diesen über die **Ergebnisse der Beurteilung** nach § 1 der Verordnung und über die zu ergreifenden Maßnahmen für Sicherheit und Gesundheitsschutz am Arbeitsplatz zu unterrichten, sobald das möglich ist. Eine formlose Unterrichtung reicht aus. Die Pflichten nach dem Arbeitsschutzgesetz sowie weitergehende Pflichten nach dem Betriebsverfassungs- und den Personalvertretungsgesetzen bleiben unberührt.

Zu unterrichten hat der Arbeitgeber einmal die betroffene werdende oder stillende Mutter, zum anderen die übrigen bei ihm beschäftigten Arbeitnehmerinnen. Eine **Begrenzung auf die Frauen im gebärfähigen Alter** ist nach Meinung des Verordnungsgebers **unpraktikabel.** In der MuSchRiV ist keine Aussage darüber getroffen, in welchen Abständen eine Unterrichtung zu erfolgen hat. Hier bietet sich ein Intervall nach Praktikabilitätserwägungen an. Danach ist - soweit sich die Gefährdungsbedingungen nicht wesentlich verändert haben - eine **wiederholte Unterrichtung nicht automatisch notwendig,** wenn die Belegschaft nicht wechselt. Bei einem gewissen oder erheblichen Wechsel der Belegschaft wird eine erneute Unterrichtung erforderlich sein.

5.18.8 Unterrichtungsvorschriften in der PSA-Benutzungsverordnung

Irreführend ist die Unterrichtungspflicht in der **PSA-Benutzungsverordnung** betitelt. Wenngleich die Überschrift zu § 3 der Verordnung **„Unterweisung"** lautet, gilt dies **nur für einen Teil der Norm.**

Nach § 3 Abs. 2 der Verordnung hat der Arbeitgeber für jede bereitgestellte persönliche Schutzausrüstung erforderliche Informationen für die Benutzung in für die Beschäftigten verständlicher Form und Sprache bereitzuhalten.

Dazu bietet es sich an, die Gebrauchsanweisungen der Hersteller zu verwenden. Eine Entsprechung enthält § 7 ABBergV, wonach der Arbeitgeber für jede Arbeitsstätte bzw. jeden Betrieb Anweisungen in schriftlicher Form zu erstellen hat. In diesen Betriebsanweisungen, die für jeden Arbeitnehmer verständlich sein müssen, ist u. a. auch der Einsatz von persönlicher Schutzausrüstung festzulegen. Diese Informationen beinhalten die für eine sicherheitsgerechte Benutzung von PSA erforderlichen Hinweise und sind so abgefasst, dass die Beschäftigten sie verstehen. Dies bedeutet aber **nicht zwingend,** dass eine **Übersetzung** dieser Informationen in den jeweiligen Muttersprachen der Beschäftigten vorliegen muss. Die Informationen könnten darüber hinaus den Beschäftigten auch Reinigungs- und Pflegevorschriften für die PSA vermitteln. Der Arbeitgeber kann bei der Erstellung dieser Informationen auf die mitgelieferten technischen Unterlagen (Gebrauchsanleitung) der Hersteller von PSA gemäß § 3 Abs. 1 Nr. 3 der Achten Verordnung zum Geräte- und Produktsicherheitsgesetz (8. GPSGV) zurückgreifen.

5.19 Unterweisung

Das in der alphabetischen Abfolge letzte, in der betrieblichen Praxis aber sicherlich wichtigste Kapitel stellt die Unterweisung dar. Im Gegensatz zur rein informatorischen Unterrichtung hat die **Unterweisung** einen **pädagogischen Anspruch.** Der Arbeitgeber muss im Einzelfall das vermittelte Fachwissen praktisch von den Beschäftigten üben lassen, um sicherzugehen, dass im Ernstfall alles reibungslos klappt.

5.19.1 Unterweisungen nach dem Arbeitsschutzgesetz

Die **Generalklausel** für die Unterweisung enthält **§ 12 ArbSchG.** Danach hat der Arbeitgeber gemäß Absatz 1 die Beschäftigten über Sicherheit und Gesundheitsschutz bei der Arbeit während ihrer Arbeitszeit ausreichend und angemessen zu **unterweisen.** Die Unterweisung umfasst **Anweisungen** und **Erläuterungen,** die eigens auf den Arbeitsplatz oder den Aufgabenbereich der Beschäftigten ausgerichtet sind. Sie muss bei der Einstellung, bei Veränderungen im Aufgabenbereich, der Einführung neuer Arbeitsmittel oder einer neuen Technologie vor Aufnahme der Tätigkeit der Beschäftigten erfolgen. Die Unterweisung muss an die Gefährdungsentwicklung **angepasst** sein und erforderlichenfalls **regelmäßig wiederholt werden.**

Die Unterweisung muss **während der Arbeitszeit** erfolgen. Damit wird klargestellt, dass die Unterweisung zum Leistungsumfang des Arbeitsverhältnisses zählt. Wird der Beschäftigte **nicht unterwiesen,** so ist er zur **Zurückhaltung seiner** Arbeitsleistung berechtigt. Während der Unterweisung besteht der Vergütungsanspruch des Beschäftigten fort, er ist im Gegenzug zur Teilnahme an der Unterweisung verpflichtet.

Das Motiv der **Unterweisung** in Gestalt der **Anweisung** durchzieht auch weitere Vorschriften des Arbeitsschutzgesetzes. So hat nach § 4 Ziffer 7 des ArbSchG der Arbeitgeber bei Maßnahmen des Arbeitsschutzes u. a. von dem allgemeinen Grundsatz auszugehen, dass den Beschäftigten geeignete **Anweisungen** zu erteilen sind. § 9 Abs. 1 ArbSchG verpflichtet den Arbeitgeber überdies, Maßnahmen zu treffen, damit nur Beschäftigte Zugang zu **besonders gefährlichen Arbeitsbereichen** haben, die zuvor geeignete Anweisungen erhalten haben. Vor dem Hintergrund des gesetzgeberischen Anliegens, dass kein Beschäftigter die Arbeit aufnehmen darf, bevor er nicht sorgfältig unterwiesen wurde, mutet § 5 Abs. 3 Ziffer 7 ArbSchG als Widerspruch an. Demnach muss der Arbeitgeber bei der Beurteilung der Arbeitsbedingungen berücksichtigen, dass sich eine Gefährdung der Beschäftigten u. a. auch ergeben kann durch deren **unzureichende Qualifikation** und Unterweisung.

5.19.2 Unterweisungen nach der Betriebssicherheitsverordnung

Auf die Generalklausel des § 12 ArbSchG nimmt auch die **Betriebssicherheitsverordnung** Bezug, die in § 9 Abs. 2 regelt, dass bei der Unterweisung der Arbeitgeber die erforderlichen Vorkehrungen zu treffen hat, damit

- die Beschäftigten, die Arbeitsmittel benutzen, eine angemessene Unterweisung insbesondere über die mit der Benutzung verbundenen Gefahren erhalten und
- die mit der Durchführung von Instandsetzungs-, Wartungs- und Umbauarbeiten beauftragten Beschäftigten eine angemessene spezielle Unterweisung erhalten.

- Durch diese Form der Regelung wird die Unterweisungsverpflichtung nach § 12 ArbSchG konkretisiert. Ferner dient die Vorschrift der Umsetzung einschlägiger Vorgaben des EU-Rechts.

5.19.3 Unterweisungen nach der Biostoffverordnung

Die Unterweisungspflicht der **BioStoffV** ist, wie bereits angesprochen, unter dem Rubrum Unterrichtung in § 12 Abs. 2 „versteckt" worden. Danach müssen Beschäftigte, die Tätigkeiten mit biologischen Arbeitsstoffen ausführen, anhand der Betriebsanweisung über aufgetretene Gefahren und entsprechende Schutzmaßnahmen unterwiesen werden. Die Unterweisung ist **vor der Aufnahme der Tätigkeiten mündlich und arbeitsplatzbezogen durchzuführen** und für den Fall, dass **Änderungen** der **Arbeitsbedingungen** eintreten, die zu einer erhöhten Gefährdung der Beschäftigten führen können (§ 8 Satz 1), zu **wiederholen.** Sie muss zudem vom Unterwiesenen unterschriftlich „quittiert“ werden.

§ 12 Abs. 2a der BioStoffV verpflichtet Arbeitgeber, eine arbeitsmedizinische Beratung der Beschäftigten sicherzustellen. Durch die verbesserten Kenntnisse über mögliche gesundheitliche Auswirkungen der Tätigkeiten wird die Eigenverantwortung des einzelnen Beschäftigten gestärkt und die sinnvolle Nutzung des Instrumentariums der Angebotsuntersuchungen unterstützt. Um eine umfassende Arbeitsschutzinformation zu gewährleisten, sollte die arbeitsmedizinische Beratung im Rahmen der Unterweisung erfolgen. Die Beteiligung des Arztes bei der Beratung ist erforderlich. Sie muss nicht zwingend von diesem persönlich durchgeführt werden, wenn auch auf andere Weise sichergestellt werden kann, dass die erforderlichen Inhalte umfassend und richtig übermittelt werden.

5.19.4 Unterweisungen nach der Gefahrstoffverordnung

Gemäß § 14 Abs. 2 der **Gefahrstoff V** stellt der Arbeitgeber sicher, dass die Beschäftigten anhand der Betriebsanweisung über auftretende Gefährdungen und entsprechende Schutzmaßnahmen **mündlich unterwiesen** werden. Die Unterweisung muss vor Aufnahme der Beschäftigung und danach **mindestens jährlich** arbeitsplatzbezogen durchgeführt werden. Sie muss in für die Beschäftigten verständlicher Form und Sprache erfolgen. Inhalt und Zeitpunkt der Unterweisung sind schriftlich festzuhalten und vom **Unterwiesenen durch Unterschrift zu bestätigen**. Absatz 2 stellt klar, dass der Arbeitgeber nicht selbst mündlich unterweisen muss, sondern lediglich für die angemessene Unterweisung zu sorgen hat.

5.19.5 Unterweisungen nach der Lärm- und Vibrations-Arbeitsschutzverordnung

Neben der Verpflichtung, ergonomische Gesichtspunkte bei der Auswahl von Arbeitsmitteln walten zu lassen, entsprechendes Gerät bereitzustellen und Zeitzonen ohne belastende Emissionen einzuplanen, entfällt § 10 Abs. 2 der **LärmVibrationsArbSchV** auch eine Unterweisungsverpflichtung. So zählt zu den Maßnahmen zur Vermeidung und Verringerung der Exposition durch Vibrationen u. a. auch die **Schulung der Beschäftigten** im bestimmungsgemäßen Einsatz und in der sicheren und vibrationsarmen Bedienung von Arbeitsmitteln, § 10 Abs. 2 Nr. 6.

Inhaltlich schließt diese Regelung erkennbar an die „Arbeitsmittel"-Regelungen durch § 12 ArbSchG und § 9 Abs. 2 BetrSichV an. Entsprechend den Schutzzielen der LärmVibrationsArbSchV steht auch bei den Unterweisungen im Vordergrund, die Mitarbeiter vor gesundheitsschädigenden Einwirkungen zu schützen.

§ 11 bildet dabei die **zentrale Vorschrift** im Zusammenhang mit der Unterweisung. Können bei Exposition durch Lärm die unteren Auslösewerte nach § 6 Satz 1 Nr. 2 oder bei Exposition durch Vibrationen die Auslösewerte nach § 9 Abs. 1 Satz 1 Nr. 2 oder § 9 Abs. 2 Satz 1 Nr. 2 erreicht oder überschritten werden, stellt der Arbeitgeber sicher, dass die betroffenen Beschäftigten eine **Unterweisung erhalten,** die auf den Ergebnissen der Gefährdungsbeurteilung beruht und die **Aufschluss** über die mit der Exposition verbundenen **Gesundheitsgefährdungen** gibt, § 11 Abs. 1 Satz 1 der LärmVibrationsArbSchV. Sie muss vor Aufnahme der Beschäftigung und danach in regelmäßigen Abständen, jedoch immer bei wesentlichen Änderungen der belastenden Tätigkeit erfolgen, § 11 Abs. 1 Satz 2. Damit ist auch der Generalsatz aus § 12 ArbSchG nachgebildet, der ebenfalls erneute Unterweisungen bei geänderten Verhältnissen vorsieht.

Während der Arbeitgeber in zahlreichen anderen Regelungsbereichen des Arbeitsschutzes bezüglich Inhalt und Intensität der notwendigen Unterweisung ziemlich alleine gelassen wird, enthält § 11 Abs. 2 LärmVibrationsArbSchV **präzise Vorgaben.** Anhand von insgesamt **acht verschiedenen Prüfpunkten,** die in § 11 Abs. 2 aufgelistet sind, stellt der Arbeitgeber sicher, dass die Unterweisung nach Absatz 1 in einer für die Beschäftigten verständlichen Form und Sprache erfolgt.

5.19.6 Unterweisungen nach der Lastenhandhabungsverordnung

Die schon bei der Aufgabenübertragung angesprochene „körperliche Eignung" spielt auch bei der Unterweisung nach § 4 der **Lastenhandhabungsverordnung** eine besondere Rolle.

So hat der Arbeitgeber bei der Unterweisung nach § 12 ArbSchG insbesondere den Anhang der Verordnung und die **körperliche Eignung** der Beschäftigten zu berücksichtigen. Er hat den Beschäftigten, soweit dies möglich ist, genaue Angaben zu machen über die sachgemäße manuelle Handhabung von Lasten und über die Gefahren, denen die Beschäftigten insbesondere bei unsachgemäßer Ausführung der Tätigkeit ausgesetzt sind. Nach dem Willen des Verordnungsgebers sollte die Unterweisung Informationen über **rückenschonende Arbeitstechniken und Hebeverfahren** enthalten. Können manuelle Handhabungen von Lasten nicht durch geeignete organisatorische Maßnahmen oder Einsatz geeigneter Arbeitsmittel vermieden werden, dann ist die Unterweisung das wichtigste Instrument des Arbeitsschutzes, um die Beschäftigten hinsichtlich der eigenen **Gesundheitsgefährdung** bei der manuellen Handhabung von Lasten zu **sensibilisieren** und sie in den Stand zu versetzen, sich gesundheits- und sicherheitsgerecht zu verhalten.

5.19.7 Unterweisungen nach der PSA-Benutzungsverordnung

Den **grundlegenden Unterschied** zwischen der **Unterrichtung** und der **Unterweisung** hebt in besonderer Weise § 3 Abs. 1 der **PSA-Benutzungsverordnung** hervor. Sie verpflichtet den Arbeitgeber, bei der Unterweisung nach § 12 des Arbeitsschutzgesetzes die

Beschäftigten darin zu unterweisen, wie die persönlichen Schutzausrüstungen sicherheitsgerecht benutzt werden. Soweit erforderlich, führt er eine **Schulung in der Benutzung** durch. Gerade das „drillmäßige" Anlegen einer bisweilen unhandlichen PSA erscheint demnach wichtig, um den Beschäftigten eine evtl. bestehende Aversion gegen die PSA zu nehmen. Durch diese Maßnahme können sowohl die Akzeptanz der Beschäftigten zum Tragen der PSA gefördert, als auch die Befähigung zu deren sicherheitsgerechten Benutzung vermittelt werden. **Art und Umfang der Unterweisung** müssen den Gefahren, vor denen die PSA schützen sollen, und den für die sicherheitsgerechte Benutzung erforderlichen Kenntnissen angepasst sein. Soweit erforderlich, z. B. bei der **Benutzung komplexer PSA** im Sinne von § 7 der Achten Verordnung zum Geräte- und Produktsicherheitsgesetz, muss die Unterweisung auch eine **Schulung mit praktischer** Übung umfassen.

5.19.8 Dokumentation der Unterweisung

Anders als die Gefährdungsbeurteilung bei Betrieben mit mehr als 10 Arbeitnehmern muss die Unterweisung nur im Zusammenhang mit Biostoffen und mit Gefahrstoffen durch die Unterschrift des Unterwiesenen dokumentiert werden. Weder die Größe der Belegschaft (mehr als 10 Arbeitnehmer) noch die Art der sonstigen Gefährdung (Gewichte, Lärm, Vibrationen) war dem Gesetz- und Verordnungsgeber Anlass und Begründung genug, den Arbeitgeber zur weitergehenden schriftlichen Fixierung einer durchgeführten Unterweisung zu verpflichten. Gleichwohl ist dem Arbeitgeber dringend anzuraten, sich die Durchführung von Unterweisungen im Betrieb von den Mitarbeitern unterschriftlich – etwa in einer formularmäßigen Anwesenheitsliste – bestätigen zu lassen, wenn es dazu keine gesetzliche oder verordnungsmäßige Vorgabe gibt.

Eine solche Anwesenheits- und Bestätigungsliste könnte etwa wie folgt aussehen:

Unterweisungsnachweis

Name(n) des/der Unterweisenden
Anlass der Unterweisung:

Abteilung/Gruppe:	
Ort der Unterweisung:	
Datum, Uhrzeit:	
Nächste Unterweisung fällig am:	

Inhalt der Unterweisung:

....

....

....

....

....

....

Name und Unterschrift der Unterwiesenen:		
1	Name	Unterschrift
2	Name	Unterschrift
3	Name	Unterschrift
4	Name	Unterschrift
5	Name	Unterschrift
6	Name	Unterschrift
7	Name	Unterschrift
8	Name	Unterschrift
9	Name	Unterschrift
10	Name	Unterschrift
11	Name	Unterschrift

Der Unterweisungsnachweis wird wie folgt verteilt:

Original verbleibt beim Unterweisungspflichtigen,
Kopie erhält der Vorgesetzte des Unterweisungspflichtigen
Kopie erhält der Sicherheitsbeauftragte (wenn vorhanden)

6 Ausnahmeregelungen für die Privatwirtschaft

Die besten und strengsten Arbeitsschutzvorschriften nützen nichts, wenn sie die Leistungsfähigkeit der Betriebe überfordern. Dies hat der Gesetz- und Verordnungsgeber bereits bei Erlass der Bildschirmarbeitsverordnung im Jahre 1996 erkannt, indem er in § 4 Abs. 2 der Verordnung die Übergangsfrist zur Anpassung bestimmter Geräte von 1996 auf das Jahresende 1999 hin verlängerte. Auch das geltende Recht enthält **Optionen für behördliche Ausnahmeregelungen.**

6.1 Behördlicher Dispens nach der Biostoffverordnung

Nach § 14 Abs. 1 der **BiostoffV** kann die zuständige Behörde auf **schriftlichen** Antrag des Arbeitgebers Ausnahmen von den Vorschriften des § 10 (Schutzmaßnahmen) einschließlich der Anhänge II und III erteilen, wenn

- die Arbeitgeber andere **gleichwertige Schutzmaßnahmen** trifft oder
- die Durchführung der Vorschrift im Einzelfall zu einer **unverhältnismäßigen Härte** führen würde und die Abweichung mit dem Schutz der betroffenen Beschäftigten vereinbar ist.

Nach § 14 Abs. 2 der Verordnung kann die zuständige Behörde zusätzlich auf schriftlichen Antrag des Arbeitgebers für Betriebe mit weniger als zehn Beschäftigten eine Ausnahme von der Pflicht zur Dokumentation der Gefährdungsbeurteilung erteilten. Dies **gilt jedoch nicht** für gezielte Tätigkeiten mit biologischen Arbeitsstoffen der Risikogruppe 3 oder 4 sowie für nicht gezielte Tätigkeiten mit vergleichbarer Gefährdung.

6.2 Behördlicher Dispens nach der Gefahrstoffverordnung

Gemäß § 20 Abs. 1 der **Gefahrstoff-Verordnung** kann die zuständige Behörde auf **schriftlichen Antrag** des Arbeitgebers Ausnahmen von den Vorschriften der §§ 7 bis 19 einschließlich der Anhänge II bis V erteilen, wenn die Durchführung der Vorschrift im Einzelfall zu einer unverhältnismäßigen Härte führen würde und die Abweichung mit dem Schutz der Beschäftigten vereinbar ist. Verbote oder Beschränkungen nach anderen Rechtsvorschriften bleiben unberührt. In seinem Antrag hat der Arbeitgeber die Darlegungspflichten nach § 20 Abs. 1 Satz 2 zu erfüllen.

6.3 Behördlicher Dispens nach § 15 Abs. 1 der Lärm- und Vibrations-Arbeitsschutzverordnung

Gemäß § 15 Abs. 1 der **LärmVibrationsArbSchV** kann die zuständige Behörde auf **schriftlichen Antrag** des Arbeitgebers Ausnahmen von den Vorschriften der §§ 5 bis 11, 13 und 14 erteilen, wenn die Durchführung der Vorschrift im Einzelfall zu einer **unverhältnismäßigen Härte** führen würde und die Abweichung mit dem Schutz der Beschäftigten vereinbar ist. Diese Ausnahmen können mit **Nebenbestimmungen** verbunden werden, die unter Berücksichtigung der besonderen Umstände gewährleisten, dass die sich daraus ergebenden Gefährdungen auf ein Minimum reduziert werden. Diese Ausnahmen sind spätestens **nach vier Jahren zu überprüfen;** sie sind aufzuheben, sobald die Umstände, die sie gerechtfertigt haben, nicht mehr gegeben sind. Der Antrag des Arbeitgebers muss Angaben enthalten, die in § 15 Abs. 1 Satz 4 näher vorgegeben sind.

In besonderen Fällen kann die zuständige Behörde auf der Basis von § 15 Abs. 2 auf Antrag des Arbeitgebers zulassen, dass für Tätigkeiten, bei denen die Lärmexposition von einem Arbeitstag zum anderen erheblich schwankt, für die Anwendung der Auslösewerte zur Bewertung der Lärmpegel, denen die Beschäftigten ausgesetzt sind, anstatt des Tages-Lärmexpositionspegel der Wochen-Lärmexpositionspegel verwendet wird, sofern die in der Vorschrift vorgegebenen Rahmenbedingungen eingehalten werden.

6.4 Dispens nach § 17 Abs. 3 der Lärm- und Vibrations-Arbeitsschutzverordnung

Ohne Antrag an eine Behörde und allein schon aus dem Verordnungstext ergeben sich Erleichterungen für die Bauwirtschaft. § 17 Abs. 3 enthält eine Ausnahme für Baumaschinen und Baugeräte, die vor dem Jahr **1997 hergestellt** worden sind, und bei deren Verwendung trotz Durchführung aller in Betracht kommenden Maßnahmen (vorzugsweise organisatorischer Maßnahmen) nach dieser Verordnung, die Einhaltung des Expositionsgrenzwerts für Ganzkörpervibrationen nach § 9 Abs. 2 nicht möglich ist. Danach dürfen an höchstens 30 Tagen im Jahr der Expositionsgrenzwert für Ganzkörpervibrationen in Z-Richtung von A(8) = 0,8 m/s^Z überschritten werden, sofern die Exposition der Beschäftigten an diesen Tagen den Wert von A(8) = 1,15 m/s' nicht übersteigt. Die **Ausnahme** ist bis zum 31. Dezember 2011 **befristet.**

7 Sonderregelungen für den öffentlichen Dienst

Die Sonderregelungen auf der Basis von § 20 Abs. 2 ArbSchG sollen es bestimmten Bereichen des öffentlichen Dienstes erlauben - teilweise oder gar ganz -, Vorschriften des Arbeitsschutzrechts zu ignorieren. Den Voraussetzungen unter denen mithin dort jeweils abgewichen werden darf, kommt daher besondere Bedeutung zu.

7.1 Abweichungen im Verantwortungsbereich des Bundesinnenministeriums (BMI)

Für den Bereich des BMI sind die Voraussetzungen zum Abweichen festgelegt in § 4 der **BMI-Arbeitsschutzanwendungsverordnung.** Danach kann, soweit öffentliche Belange dies zwingend erfordern, insbesondere zur Aufrechterhaltung oder Wiederherstellung der öffentlichen Sicherheit oder Ordnung, bei Tätigkeiten nach § 3 der Verordnung ganz oder zum Teil von Vorschriften des ArbSchG abgewichen werden. Das Abweichen ist nur solange gestattet, wie diese Sachlage gegeben ist. Die näheren Voraussetzungen für ein Abweichen werden in den jeweiligen **Dienstvorschriften** festgelegt. Die Vorschrift stellt klar, dass ein **Abweichen** von den üblichen Arbeitsschutzvorschriften zwar möglich, aber an die **weitere Bedingung** gebunden ist, dass öffentliche Belange ein Abweichen zwingend erfordern.

Unter öffentlichen Belangen ist das **Allgemeinwohl** zu verstehen, insbesondere die Aufrechterhaltung oder Wiederherstellung der **öffentlichen Sicherheit oder Ordnung**. Dieser unbestimmte Rechtsbegriff muss anhand des mit dem Einsatz oder der Einsatzvorbereitung verfolgten Zielen inhaltlich bestimmt werden. Zu den öffentlichen Belangen, die von den in § 3 genannten Dienststellen üblicherweise vertreten werden, gehören auch solche außergewöhnlichen, wie sie die Bundespolizei gemäß Artikel 35 Abs. 2 und 3 GG wahrnimmt.

Zwingend muss das Abweichen insofern sein, als die betreffende Tätigkeit bei Einhaltung der normalen Arbeitsschutzbedingungen nicht hätte ausgeführt werden können.

7.2 Abweichungen im Verantwortungsbereich des Bundesverteidigungsministeriums (BMVg)

Die Abweichensvoraussetzungen sind, wie schon bei der einschlägigen BMI-Verordnung, ebenfalls in § 4 geregelt, allerdings mit etwas anderer Schwerpunktsetzung. Nach § 4 Abs. 1 der **BMVg-Verordnung** kann soweit öffentliche Belange dies zwingend erfordern, insbesondere zur Aufrechterhaltung oder Wiederherstellung der **äußeren Sicherheit** der Bundesrepublik Deutschland, bei Tätigkeiten nach § 3 der Verordnung ganz oder zum Teil von Vorschriften des ArbSchG abgewichen werden. Ein Abweichen ist nur solange gestattet, wie diese Voraussetzung gegeben ist. Abgesehen davon, dass das BMI für die innere und das BMVg für die äußere Sicherheit zuständig ist, bestehen hinsichtlich der Normierung und der Begründung keine Unterschiede. Auf die Ausführungen zur BMI-Verordnung kann insofern verwiesen werden.

Nach § 4 Abs. 2 der BMVg-Verordnung sind zwingende öffentliche Belange, die ein Abweichen erfordern, dann gegeben, wenn die Ziele der Einsätze oder die Sicherheit der Einsatzkräfte ohne ein Abweichen von Vorschriften des ArbSchG nicht erreicht werden können. Dies wird durch das BMVg, bei Gefahr im Verzug durch den Dienststellenleiter, festgestellt. Bezüglich des Begriffs der **„öffentlichen Belange"** kann ebenfalls verwiesen werden auf die Ausführungen zur BMI-Verordnung. Zu den vom Bundesminister der Verteidigung zu vertretenden öffentlichen Belangen gehören auch solche außergewöhnlichen, wie sie die Bundeswehr gemäß **Artikel 35 Abs. 2 und 3 GG** (Hilfe bei Naturkatastrophen sowie in besonders schweren Unglücksfällen) und gemäß Artikel 24 Abs. 2 GG (Erfüllung zwischenstaatlicher Verpflichtungen) wahrnimmt. Durch die besondere Ausgestaltung des § 4 Abs. 2 der BMVg-Verordnung wird - abweichend von der BMI-Verordnung - die Kompetenz Abweichungen zu verfügen grundsätzlich auf das BMVg begrenzt und lediglich zur Erhaltung der Handlungsfähigkeit der Einsatzkräfte in Gefahrensituationen eine Notzuständigkeit geschaffen. Das BMVg wird seine Feststellung regelmäßig in den Grundsatzbefehlen für den Einsatz treffen müssen.

7.3 Ausnahmen nach der Lärm- und Vibrations-Arbeitsschutzverordnung für die Bundeswehr

Ähnlich der Arbeitsschutzanwendungsverordnung für den Bereich des BMVg enthält auch die LärmVibrationsArbSchV **Ausnahmen** für den Bereich der **Streitkräfte.** Nach § 1 Abs. 3 der Verordnung kann das Bundesministerium der Verteidigung für Beschäftigte, die Lärm und Vibrationen ausgesetzt sind oder ausgesetzt sein können, Ausnahmen von den Vorschriften dieser Verordnung zulassen, soweit **öffentliche Belange** dies **zwingend** erfordern, insbesondere für Zwecke der Landesverteidigung oder zur Erfüllung zwischenstaatlicher Verpflichtungen der Bundesrepublik Deutschland. In diesem Fall ist gleichzeitig festzulegen, wie die Sicherheit und der Gesundheitsschutz der Beschäftigten nach dieser Verordnung auf andere Weise gewährleistet werden. Dies trägt der Tatsache Rechnung, dass in bestimmten, für die öffentlichen Belange wichtigen Tätigkeitsbereichen, insbesondere der Bundeswehr, die strikte Anwendung der Verordnung mit der ordnungsgemäßen Erfüllung der Aufgaben in diesen Bereichen in Konflikt kommen könnte. In diesen Fällen ist festzulegen, wie die Sicherheit und der Gesundheitsschutz der Beschäftigten auf andere Weise gewährleistet werden kann. Dies kann zum Beispiel durch ergänzende technische und organisatorische Schutzmaßnahmen, durch zusätzliche persönliche Schutzausrüstung und durch begleitende Maßnahmen der arbeitsmedizinischen Vorsorge gewährleistet werden.

Eine weitere, Bundeswehr-bezogene Ausnahme enthält § 17 Abs. 2 der LärmVibrationsArbSchV. Für **Wehrmaterial** der Bundeswehr, das **vor dem 1. Juli** 2007 erstmals in Betrieb genommen wurde, gilt **bis zum 1. Juli 2011** abweichend von § 9 Abs. 2 Nr. 1 für Ganzkörper-Vibrationen in Z-Richtung ein Expositionsgrenzwert von $A(8) = 1{,}15\ m/s^Z$.

8 Bevorstehende Regelungen

Auch wenn bereits in vielfältiger Weise europäische Vorschriften im materiellen Recht ungesetzt wurden, stehen in naher Zukunft weitere Ergänzungen bevor. Diese resultieren aus dem Themen-Katalog „Physikalische Einwirkungen“ Dann werden die schon hieraus hervorgegangenen Regelungsbereiche „Lärm“ und „Vibrationen“ ergänzt und erweitert um Regelungen betreffend „elektromagnetische Felder“ sowie „künstliche optische Strahlung“.

8.1 Elektromagnetische Felder

Die Richtlinie 2004/40/EG vom 29. April 2004 über Mindestvorschriften zum Schutz von Sicherheit und Gesundheit der Arbeitnehmer vor der Gefährdung durch physikalische Einwirkungen in Gestalt von Elektromagnetischen Feldern war - für EU-Richtlinien völlig untypisch - bereits am Folgetag, dem 30. April 2004 umzusetzen (Art. 13).

In Deutschland gibt es dazu bis jetzt folgende Regelungen:

- UVV „Elektromagnetische Felder" (BGV B 11)
- BGR „Elektromagnetische Felder" (BGR B 11)
- BGI 839 „Elektromagnetische Felder in Metallbetrieben"
- BGI 844 „Einsatz von Schutzkleidung gegen Einwirkung durch hochfrequente elektromagnetische Felder im Frequenzbereich 80 MHz - 1 GHz"
- BGI 5011 „Beurteilung magnetischer Felder von Widerstandsschweißeinrichtungen"

Die Berufsgenossenschaft der Feinmechanik und Elektrotechnik hat am 1. Juni 2001 die Unfallverhütungsvorschrift „Elektromagnetische Felder" (BGV B 11) erlassen. Neben der BGV B 11 wurde zur Konkretisierung und Erläuterung die BG-Regel BGR B 11 erarbeitet. Für den Betriebspraktiker stellt sich die Frage: Welche Bedeutung hat die neue Vorschrift für Unternehmer und Beschäftigte? Wo und für wen gilt sie?

Die BGV B 11 gilt, soweit Beschäftigte elektrischen, magnetischen oder elektromagnetischen Feldern im Frequenzbereich 0 Hz bis 300 GHz unmittelbar oder deren mittelbaren Wirkungen ausgesetzt sind. Elektromagnetische Felder können unmittelbar über Stromdichten oder Wärme im Gewebe wirken. Zu den mittelbaren Wirkungen zählen Kraftwirkungen sowie Berührungsspannungen und Körperströme, die durch leitfähige Gebilde hervorgerufen werden können. Ziel ist es, sicherzustellen, dass es nicht zu negativen Wirkungen oder zu Gefährdungen durch elektromagnetische Felder am Arbeitsplatz kommen kann.

Bei der Überprüfung der Arbeitsstätten auf mögliche Expositionen elektrischer, magnetischer oder elektromagnetischer Felder muss der Unternehmer zunächst die sogenannten Expositionsbereiche (Einwirkungsbereiche) festlegen, dann die auftretenden elektromagnetischen Felder ermitteln und mit den zulässigen Werten vergleichen. Die Ermittlung der Exposition hat dabei durch einen Sachkundigen zu erfolgen und kann durch Berechnung, Messung, Herstellerangaben oder Vergleich mit anderen Anlagen vorgenommen werden.

Der **Expositionsbereich 1** umfasst alle kontrollierten Bereiche, z.B. elektrische Betriebsstätten und vom Betreiber überprüfbare Bereiche. Er erfasst aber auch Bereiche, in denen aufgrund der Aufenthaltsdauer oder der Betriebsweise der Anlage sichergestellt ist, dass eine Exposition oberhalb der zulässigen Werte des Expositionsbereiches 2 nur vorübergehend erfolgt. Als vorübergehend wird hier auch eine Arbeitsschicht verstanden.

Der **Expositionsbereich 2** umfasst alle Bereiche, in denen keine speziellen Zugangsregelungen getroffen wird, z. B. allgemein zugängliche Bereiche, Wohn- und Gesellschaftsbauten, Wohngrundstücke, Anlagen und Einrichtungen für Sport, Freizeit und Erholung. Er umfasst auch Arbeitsstätten, in denen eine Felderzeugung bestimmungsgemäß nicht erwartet wird.

Als zulässige Werte werden Basiswerte und sogenannte abgeleitete Werte angegeben. Basiswerte sind die Größen, die Wirkungen im menschlichen Körper verursachen. Dies ist im Niederfrequenzbereich die durch die Felder im Körper induzierte oder influenzierte Stromdichte in A/m^2, die, ab einer bestimmten Größe, Nerven- und Muskelzellen anregen kann. Im Hochfrequenzbereich ist die Basisgröße die spezifische Absorptionsrate SAR in W/kg bzw. die Leistungsdichte in W/m^2. Trifft elektromagnetische Strahlung auf den menschlichen Körper, so wird ein Teil dieser Strahlung reflektiert, ein anderer Teil kann, je nach Frequenzbereich und Körpergewebe, in den menschlichen Körper eindringen und dort absorbiert, d.h. in Wärme umgewandelt werden. Die Basiswerte basieren auf physikalischen, biologischen und medizinischen Erkenntnissen und sind international anerkannt und empfohlen.

Basisgrößen sind im menschlichen Körper messtechnisch jedoch schwer zu erfassen. Daher werden sogenannte abgeleitete Werte angegeben. Dies sind dann die Werte der äußeren elektrischen oder magnetischen Feldstärken, die Sicherheitszuschläge enthalten, damit die Basiswerte auch unter ungünstigsten Expositionsbedingungen sicher eingehalten werden.

Die Wirkungen elektromagnetischer Felder auf den Menschen sind neben der Höhe der Exposition von der Frequenz der auftretenden Felder abhängig. Dies zeigen auch die Verläufe der zulässigen Werte. Die zulässigen Werte für den Expositionsbereich 2 sind im Vergleich zu den zulässigen Werten des Expositionsbereichs 1 unter Berücksichtigung weiterer Sicherheitszuschläge festgelegt worden. Diese niedrigeren zulässigen Werte tragen der besonderen Schutzbedürftigkeit empfindlicher Personengruppen Rechnung. Sie berücksichtigen die Möglichkeiten dauernder Feldeinwirkung und sollen die unfreiwillige, unwissentliche Exposition von Personen vermeiden.

Neben den beiden genannten **Expositionsbereichen** gibt es einen Bereich erhöhter Exposition, in dem die zulässigen Werte des Expositionsbereichs 1 kurzzeitig überschritten werden dürfen. Im Frequenzbereich bis 91 kHz sind höhere Werte 2 Stunden pro Tag (2h/d) und im hochfrequenten Bereich bis zu 6 Minuten zulässig. Bei der Festlegung der höheren Werte für kurze Expositionszeiten werden die Sicherheitsfaktoren der abgeleiteten Werte verringert. Dies ist aufgrund der Größe der Sicherheitsfaktoren und der kontrollierten Expositionsbedingungen zulässig.

Die zulässigen Werte enthalten in allen Expositionsbereichen hohe Sicherheitsfaktoren und sind so festgelegt, dass selbst unter Zugrundelegung der ungünstigsten Expositionsbedingungen Gefährdungen oder gesundheitliche Beeinträchtigungen durch elektromagnetische Felder sicher vermieden werden.

Ist sichergestellt, dass die für den Expositionsbereich 2 (allgemein zugänglich, niedrigere zulässige Werte) geltenden zulässigen Werte nicht überschritten werden, sind keine Maßnahmen erforderlich. Es können jedoch mittelbare Wirkungen solcher Art auftreten, dass aktive Körperhilfsmittel, z.B. Herzschrittmacher, beeinflusst werden. In diesem Fall ist eine entsprechende Kennzeichnung erforderlich.

Übliche Elektrowerkzeuge, Haushaltsgeräte, Geräte der Bürokommunikation, insbesondere Bildschirmgeräte, Elektroanlagen in Gebäuden sowie Motoren, Antriebe, etc. mit geringen Anschlussleistungen liegen mit ihren Emissionswerten weit unterhalb der zulässigen Werte des Expositionsbereichs 2.

Bei elektrischen Anlagen mit hohen Anschlussleistungen, Hochspannungsschaltanlagen, Induktionsanlagen, Schweißanlagen, Schmelzöfen, Hochfrequenzanlagen, können die zulässigen Werte des Expositionsbereiches 2 überschritten werden. Werden zulässige Werte des Expositionsbereichs 2 überschritten, so sind Maßnahmen erforderlich.

Der **Unternehmer** hat für die jeweiligen Anlagen und Geräte **Betriebsanweisungen** aufzustellen, die notwendige Angaben für den sicheren Betrieb der Anlage enthalten und auf die Möglichkeit der Exposition durch elektromagnetische Felder hinweisen. In der BG-Regel BGR BI 1 sind im Anhang 5 typische Inhalte einer Betriebsanweisung aufgeführt.

Die Beschäftigten müssen zudem über die bei ihren Tätigkeiten auftretenden Gefahren sowie über Maßnahmen der Abwendung unterwiesen werden. Sie werden dabei über **mögliche Gefahren** durch elektromagnetische Felder informiert und mit den Schutzmaßnahmen und -einrichtungen vertraut gemacht. Diese Unterweisung muss vor Beginn der Tätigkeit durchgeführt werden und danach in angemessenen Zeitabständen, mindestens jedoch einmal jährlich, wiederholt werden.

Befinden sich Arbeitsstätten im Bereich erhöhter Exposition, so sind diese Bereiche zu kennzeichnen und so zu sichern, dass sich innerhalb dieser Bereiche während des Betriebs der Anlage keine unbefugten Personen aufhalten können.

Weitere Maßnahmen zur Reduzierung der Exposition können Abstand, Reduzierung der Leistung, Abschirmungen, Begrenzung der Aufenthaltsdauer mit Zugangskontrollen oder Sicherung der Gefahrbereiche z. B. durch Verriegelungen sein. Abstand ist eine sehr wirkungsvolle Möglichkeit Expositionen zu verringern, denn elektrische und magnetische Felder nehmen sehr stark mit der Entfernung zur Feldquelle ab (Abstandsquadratgesetz).

Bei **Überschreitung der zulässigen Werte** des Bereichs erhöhter Exposition ist der sogenannte Gefahrbereich zu kennzeichnen und durch Schutzeinrichtungen zu sichern. Eine Tätigkeit in diesem Bereich ist nur dann zulässig, wenn durch geeignete persönliche

Schutzausrüstung eine unzulässige Exposition ausgeschlossen ist. Persönliche Schutzausrüstung, z.B. Hochfrequenz-Schutzanzug, steht jedoch nur für den hochfrequenten Bereich und für elektrische Felder im niederfrequenten Bereich zur Verfügung.

8.2 Künstliche optische Strahlung

Die Richtlinie 2006/25/EG vom 5. 4. 2006 über Mindestvorschriften zum Schutz von Sicherheit und Gesundheit der Arbeitnehmer vor der Gefährdung durch physikalische Einwirkungen in Gestalt von künstlicher optischer Strahlung muss von den Mitgliedstaaten bis zum 27. 4. 2010 umgesetzt werden (Art. 14). Nationale Umsetzungsvorschriften auf der Basis des Arbeitsschutzgesetzes gibt es derzeit noch nicht.

Diese Richtlinie gehört zu dem „Paket" von vier Richtlinien zum Schutz der Arbeitnehmer vor der Gefährdung durch physikalische Einwirkungen: Lärm, Vibrationen, elektromagnetische Felder und optische Strahlung. Es handelt sich um eine Einzelrichtlinie zur Rahmenrichtlinie 89/391/EWG über die Durchführung von Maßnahmen zur Verbesserung der Sicherheit und des Gesundheitsschutzes der Arbeitnehmer bei der Arbeit.

Die **Exposition** der Arbeitnehmer gegenüber künstlicher optischer Strahlung (Laser, Laserstrahlung und inkohärente Strahlung) kann zu chronischer Schädigung von Augen und Haut führen. Durch diese Richtlinie soll die Exposition gegenüber optischer Strahlung durch Präventivmaßnahmen, die bei der Planung der Arbeitsplätze ergriffen werden, reduziert werden. Ziel ist es, die Gefahren bereits am Entstehungsort zu verringern. Die Richtlinie legt ferner die Grenzwerte für die Exposition der Arbeitnehmer gegenüber inkohärenter Strahlung und Laserstrahlung nieder (Anhang II).

Vom **Arbeitgeber** zu ergreifende **Maßnahmen** stellen sich wie folgt dar:

- Bewertung des Ausmaßes der Strahlung
- In erster Linie nimmt der Arbeitgeber eine Bewertung oder Messung des Ausmaßes der optischen Strahlung vor, der die Arbeitnehmer ausgesetzt sind, um die Strahlung zu verringern, falls die geltenden Grenzwerte überschritten werden. Die Messung erfolgt entsprechend den Normen des internationalen Normierungsgremiums für Elektrotechnik/Elektronik (International Electrotechnical Commission - IEC), der internationalen Beleuchtungskommission (International Commission Illumination - CIE), des Europäischen Komitees für Normung (European Committee for Standardisation - CEN) oder, falls keine Normen vorliegen, entsprechend den nationalen oder internationalen wissenschaftlich untermauerten Leitlinien.
- Verringerung der Risiken
- Des Weiteren muss der Arbeitgeber das Ausmaß der Strahlung verringern, falls bei der Risikobewertung festgestellt wird, dass die Expositionsgrenzwerte möglicherweise überschritten werden, etwa indem er andere Arbeitsmittel auswählt oder die Dauer der Exposition begrenzt.
- Unterrichtung und Unterweisung der Arbeitnehmer

- Die Arbeitnehmer oder ihre Vertreter erhalten alle erforderlichen Informationen und/oder Unterweisungen, etwa zur Verwendung von Schutzausrüstung.
- Anhörung und Beteiligung der Arbeitnehmer
- Die Arbeitgeber müssen die Arbeitnehmer bzw. deren Vertreter bei Fragen, die die Sicherheit und den Gesundheitsschutz der Arbeitnehmer betreffen, im Voraus anhören. Die Arbeitnehmervertreter können Maßnahmen zur Verbesserung des Gesundheitsschutzes vorschlagen und haben das Recht, sich an die zuständigen Behörden zu wenden, wenn sie der Auffassung sind, dass der Arbeitgeber keine ausreichende Sicherheit gewährleistet (gemäß Rahmenrichtlinie 89/391 /EWG).

Die Überwachung der Gesundheit der Arbeitnehmer erfolgt entsprechend den nationalen Rechtsvorschriften durch einen Arzt, mit dem Ziel, jedwedes Risiko aufgrund der Exposition gegenüber optischer Strahlung zu vermeiden. Für jeden Arbeitnehmer werden persönliche Gesundheitsakten geführt, die anlässlich jeder Gesundheitsüberwachung auf den neuesten Stand gebracht werden. Die betroffenen Arbeitnehmer erhalten auf Verlangen Einsicht in ihre persönlichen Gesundheitsakten.

Im Fall einer Exposition oberhalb der Expositionsgrenzwerte wird den Arbeitnehmern eine ärztliche Untersuchung angeboten. Wenn die Grenzwerte überschritten und/oder bei einem Arbeitnehmer gesundheitsschädliche Auswirkungen festgestellt werden, gilt folgendes:

- der Arbeitnehmer wird von dem Arzt oder einer anderen entsprechend qualifizierten Person über die ihn persönlich betreffenden Ergebnisse und über alle wichtigen Erkenntnisse unterrichtet;
- der Arbeitgeber überprüft die vorgenommene Risikobewertung und die durchgeführten Maßnahmen, setzt die von den zuständigen Personen empfohlenen Maßnahmen um und trifft Vorkehrungen für eine kontinuierliche Gesundheitsüberwachung.

Die **Mitgliedstaaten** müssen angemessene Sanktionen vorsehen, die bei einem Verstoß gegen die nationalen Rechtsvorschriften zur Umsetzung der Richtlinie zu verhängen sind.

Die Mitgliedstaaten erstatten der Kommission **alle fünf Jahre Bericht** über die praktische Durchführung der Richtlinie und geben dabei die Standpunkte der Sozialpartner an. Die Kommission unterrichtet ihrerseits das Europäische Parlament, den Rat, den Europäischen Wirtschafts- und Sozialausschuss (EWSA) und den Beratenden Ausschuss für Sicherheit und Gesundheit am Arbeitsplatz alle fünf Jahre über die Bewertung dieser Berichte.

In Deutschland ist eine Umsetzung der EG-Richtlinie „Künstliche Optische Strahlung" im Rahmen einer Verordnung geplant.

Im Oktober 2007 und am 11. November 2008 fanden jeweils ein Workshop des BGIA zur geplanten Umsetzung der EG-Richtlinie „Künstliche Optische Strahlung" statt. Die Berufsgenossenschaft Elektro Textil Feinmechanik (vormals: Feinmechanik und Elektrotechnik) BGETF hat eine BGI 5006 „Expositionsgrenzwerte für künstliche optische Strahlung" (10.2004) erstellt, die bis zum Inkrafttreten einer Verordnung von der BGFE zur Gefährdungsanalyse bei Einwirkung optischer Strahlung zur Anwendung empfohlen wird. Zum

Schutz vor Gefährdungen durch Laserstrahlung ist die Unfallverhütungsvorschrift „Laserstrahlung" (BGV B2) anzuwenden. Weitere Informationen sind in der BG-Information „Betrieb von Lasern" (BGI 832) enthalten.

9 Kurze Inhaltsangabe

Das Arbeitsrecht unterscheidet zwischen kollektivrechtlichen und individualrechtlichen Regelungen. Das Arbeitsschutzrecht differenziert zwischen technischem und sozialem Arbeitsschutz, ohne eine vergleichbare Trennschärfe zu erreichen. Normen des technischen Arbeitsschutzes, die bei der Herstellung die mechanische Sicherheit von Maschinen und Geräten vorgeben, sind letztlich auch „sozial“, weil sie den späteren Benutzer vor Tod und Verletzung bewahren.

Kernelement des Arbeitsschutzes in Deutschland ist das auf europäischem Recht basierende Arbeitsschutzgesetz. Dieses bildet die Grundlage für eine ganze Reihe weiterer Verordnungen mit ebenfalls europäischen Wurzeln.

Der Titel ordnet die Regelungstatbestände des Arbeitsschutzgesetzes wie auch der darauf aufbauenden Verordnungen in völlig neuer Form. Abweichend von herkömmlicher Kommentarliteratur, die ein Gesetz, oder eine Verordnung in geschlossener Form vom ersten bis zum letzten Paragraphen durchleuchtet, steht hier am Anfang der erfolgreichen Suche der dominierende Leitbegriff.

Hat der Leser diesen definiert, erschließen sich ihm - komplett und lückenlos - die dazu gehörigen Vorschriftenwerke praktisch wie von selbst.

Stichwortverzeichnis

Korenke
Das deutsche Sozialversicherungsrecht **Kompaktwissen für die Praxis**

Das deutsche Sozialversicherungsrecht umfasst die fünf verschiedenen, im Sozial- gesetzbuch kodifizierten Zweige der Sozialversicherung. Das sind die Arbeits- losenversicherung, die gesetzliche Kranken-, Renten- und Unfallversicherung sowie die soziale Pflegeversicherung. Das Sozial- versicherungsrecht dient ebenso wie das Arbeitsrecht in erster Linie dem Schutz der abhängig Beschäftigten. Allerdings sind die Rechtsbeziehungen zwischen den Trägern der Sozialversicherung (Bundesagentur für Arbeit, Kranken- und Pflegekassen, Berufsgenossenschaften, Rentenversicherung etc.) öffentlich-rechtlicher Natur.

Der vorliegende Titel gibt einen praxisorientierten Überblick über die wichtigsten Begriffe und Institute der Sozialversicherung. Ausführlich behandelt werden vor allem die Ansprüche der Versicherten auf Arbeitslosen- und Krankengeld, auf Rente wegen ver- minderter Erwerbsfähigkeit, auf Verletztenrente nach einem Arbeitsunfall sowie auf Pflegegeld. Überdies werden in dem jeweiligen Kontext die Rechtsmittel des Widerspruchs und der Klage beim Sozialgericht dargestellt.

ISBN 978-3-941388-03-1 Preis der Printausgabe: 19,80 €

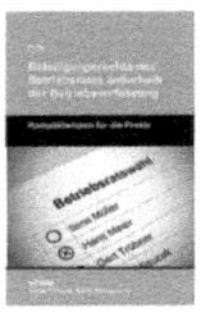

Pulte
Beteiligungsrechte des Betriebsrates außerhalb der Betriebsverfassung
Kompaktwissen für die Praxis

Die betriebliche Mitbestimmung der Arbeitnehmer regelt das Betriebsverfassungsgesetz. Darin ist die Zusammenarbeit zwischen Arbeitgeber, Belegschaften, Betriebsrat, Gewerkschaften und Vereinigungen des Arbeitgebers festgelegt. Es beinhaltet die Regelungen von der Wahl des Betriebsrats als Interessenvertretung der Arbeitnehmer über seine Aufgaben bis zu seinen Rechten. Geregelt werden darin im Einzelnen Informations-, Anhörungs- und Mitwirkungsrechte des Betriebsrats.

Neben den Regelungen im Betriebsverfassungsgesetz sind in zahlreichen anderen Gesetzen, Verordnungen und Anordnungen Rechte und Pflichten des Betriebsrates geregelt bzw. dessen Einbeziehung vorgesehen.

In der Reihe „Kompaktwissen für die Praxis“ wird eine neue Übersicht veröffentlicht, die nach Sachgebieten geordnet den wesentlichen Regelungsinhalt beinhaltet.

ISBN 978-3-941388-01-7 Preis der Printausgabe: 19,80 €

http://www.vprm.de